KB202185

연세대학교 교목실 기획 시리즈 3

언더우드
자매 교회
이야기

연세대학교 교목실 편

Dabar Bible School

호러스 그랜트 언더우드(Horace Grant Underwood)는 26세의 청년으로 우리나라에 와서 청년들을 위한 고등교육기관을 마련하기 위한 꿈을 차근차근 실현하기 이전에 먼저 하나님 앞에 기도하며 자신의 사적 공간을 예배 처소로 제공하며 하나님에 대한 경배의 자리로 나아갔다. 우리나라 최초 교회의 시작은 서양 선교사 도착 이전에 한국인 서상륜에 의하여 황해도 솔내(松川)에 세워진 솔내교회임을 우리가 자랑스럽게 기억한다. 그곳에 기독 공동체가 이미 존재했다는 것은 호러스 그랜트 언더우드가 릴리어스 스털링 호튼(Lillias Stirling Horton)을 만나 결혼하고 신혼여행을 전도여행과 접목시켜 서울 이북지방을 방문하던 중 그 기독 공동체의 모습을 감명 깊게 보고하는 것으로 입증된다. 그러나 우리는 한국 개신교 조직교회의 역사가 언더우드에 의하여 마련된 것임을 인정해야 한다. 광혜원에서 비롯된 서양 의료 선교의 역사에서도 언더우드는 그 역할을 감당했기 때문에, 그는 교육, 의료와 교회의 삼중적 차원과 장소에서 다채로운 선교 역사를 이어갔던 균형 잡힌 인물이었다.

그의 업적을 기리고 계승 발전시키기 위하여 2000년도에 연세대학교 안에는 언더우드 기념사업회가 결성되었고, 연세대학교의 총장은 기념사업회 회장을 당연직으로 맡고 있다. 지금까지 기념사업의 주축을 이루었던 것은 언더우드의 이름으로 제정된 선교상을 지구촌 곳곳에서 선교활동에 헌신하고 그 지역의 지속성 있는 발전을 도모하고 있는 분들을 선별하여 시상하는 것이다. 최근에는 대학의 본래적 사명인 교육, 연구, 봉사의 차원에서 후속세대와 언더우드를 연결하는 작업을 활성화하기 위해 언더우드 영리더 프로그램을 마련하였다. 또한 연세대학교와 언더우드 자매교회와 기관들 사이의 네트워크 강화를 위해 다채로운 차원으로 협력하고 있다. 이 책의 발간은 바로 그러한 맥락에서 언더우드 기념사업의 주체적 실무를 담당하는 교목실에서 간행 시리즈 사업 중 하나로 진행되었다.

흔히 언더우드와 그가 개척한 새문안교회(1887년)를 우리가 쉽게 연결시킬 수 있으나, 그 외에도 전국적으로 언더우드에 의해 직간접적으로 세워진 교회들이 있다는 것에 대해서는 잘 모를 수 있다. 더욱이 지금은 남북한의 두터운 장벽으로 확인이 불가능하지만, 언더우드 부부가 남긴 여러 형태의 보고서와 편지에 의하면 북한에도 남한 못지않게 많은 교회들을 개척하였던 것을 알 수 있다. 통일 이후에 남북한 공동으로 그분들의 전도

여정의 발자취를 복원하는 연구가 확대될 것을 소망한다.

이 책은 언더우드 부부가 세운 교회들과 기관의 뿌리 찾기의 중요성뿐 아니라, 이후 복음의 씨앗이 남한 곳곳에 흩어져 있는 언더우드 자매교회에서 어떻게 자랐으며, 한국 사회에 개신교가 공헌한 것이 무엇인지를 후속적으로 연구할 수 있는 토대 연구로서의 가치도 지닌다고 볼 수 있겠다. 이 책을 손에 쥐게 되는 독자들에게 언더우드의 복음 전도와 교회 개척의 의미를 다시 곱씹어 보는 기회가 되고, 삼천리 반도 방방곡곡을 직접 찾아다닌 그의 열정과 기도와 헌신을 느끼게 되는 계기가 되길 바라마지 않는다. 또한 이 작업을 통하여 그들의 교회 개척과 선교를 객관적으로 분석할 수 있는 토대 연구로서 향후 여러 형태의 심화된 후속연구로 이어지기를 기대한다.

이 책이 발간될 수 있도록 도움 주신 언더우드 기념사업회 회장 연세대학교 윤동섭 총장님과 책 집필에 필요한 재원을 학내 정책연구비로 지원해 주신 장용석 기획실장님과 교목실 선교후원금으로 출판비용을 지원해 주신 모든 분들께 진심으로 감사드린다. 무엇보다도 이 책이 빛을 발할 수 있도록 개교회의 소중한 유산들을 발굴해서 독자에게 접근 가능하도록 만들어 주신 집필진에게 진심으로 감사한다. 송훈 박사와 홍민기 박사의 노력이 없었더라면 산만하게 흩어져 있던 많은 자료들을 이렇게 알차게 담아 독자들에게 전달하지 못했을 것이다. 특별히 이 책의 발간이 온전히 이루어지도록 보이지 않은 곳에서 수고한 편집책임자 김동환

교수에게 깊이 감사한다. 또한 책 편집과 필요한 사진 자료를 보완해 주며 큰 도움 주신 다바르 출판사 임경묵 사장님께도 고마움을 전한다. 이 책이 많은 독자들에게 전달되어 한국 개신교의 발전과정을 살펴보며 모두의 마음에 큰 울림으로 남기를 바란다.

언더우드가 직·간접으로 영향을 미쳐서 교회를 설립할 당시에 우리나라에는 하나의 장로교만이 있었다. 그런데 지금은 전 세계에서 그 유래를 찾아볼 수 없을 만큼 장로교를 포함한 개신교 전체가 상당히 분열되어 있다. "아버지, 아버지께서 내 안에 계시고, 내가 아버지 안에 있는 것과 같이, 그들도 하나가 되어서 우리 안에 있게 하여 주십시오. 그래서 아버지께서 나를 보내셨다는 것을, 세상이 믿게 하여 주십시오"(요 17:21). 믿음 안에서 하나의 공동체로 연합하기를 바랐던 예수의 기도를 우리가 다시금 주목해야 할 것이다. 언더우드 자매교회와 기관들 안에서부터 복음 안에서 하나 되는 협력 사업이 언더우드라는 인물을 매개로 더욱 풍성히 열매 맺기를 소망한다.

2024. 8. 31

정미현

(연세대학교 교목실장/연합신학대학원 교수)

머리말

본서는 연세대학교(1885)의 설립자 호러스 그랜트 언더우드(Horace Grant Underwood)가 직접 설립하거나 설립에 관여한 '언더우드 자매 교회'를 체계적으로 정리하여 소개하고자 하는 목적에서 연구되고 집필되었다. 우선적으로 조사한 언더우드 자매 교회는 21개 교회이며, 이는 2016년 언더우드 서거 100주년 기념행사를 통해 연세대학교가 선정한 언더우드 자매 교회로서 개신교 최초의 조직교회인 새문안교회(1887)를 포함하여 갈현교회(1907), 광명교회(1903), 구미상모교회(1901), 금촌교회(1907), 김포제일교회(1894), 김포중앙교회(1894), 누산교회(1904), 능곡교회(1893), 대원교회(1901), 서교동교회(1895), 송마리교회(1897), 시흥교회(1904), 신사동교회(1901), 신산교회(1903), 양평동교회(1907), 영등포교회(1903), 청천교회(1906), 탄현교회(1905), 하안교회(1905), 행주교회(1890)이다.

편집에 있어서 교회의 순서를 어떻게 둘지에 대하여 고민하였는데. 그 이유는 크게 다음과 같다. 첫째, 설립된 시기로 구분하기에는 기존 교회사 자료와 신앙공동체 구전 전승의 상이함 등으로 인하여 설립일 규명에 좀 더 고증을 기해야 하는 부분이 있기 때문이고, 둘째, 설립된 지역으로 구분하기에는 대부분이 수도권에 집중되어 있는 경우가 많기 때문이다. 따라서 이러한 사항에 따른 혼란과 혼동을 최소화하기 위해 교회의 순서를 가나다 순서에 따라 정리하였다.

또한 본서는 교회 이외에 언더우드가 직접 설립하거나 설립에 관여한 3개 기관을 언더우드 자매 기관으로서 추가하여 따로 실었다. 이 3개 기관은 교회 사역 외에 언더우드의 선교 사역을 대표할 수 있는 기관으로서, 교육선교 차원에서는 경신학교, 문서선교 차원에서는 대한기독교서회, 문화선교 차원에서는 YMCA를 선별하였다. 특별히 교육선교에 있어서 연세대학교가 아닌 경신학교를 선별한 이유는, 앞서 교목실 기획시리즈1『선교사와 대학』(2023)에서 연세대학교가 이미 다루어졌기 때문이다.

본서의 편집 구상 및 구성에 있어서는 다음과 같은 집필 기준을 따랐다. 첫째, 교회/기관에 따라 입수할 수 있는 역사적 자료 및 문헌의 양에서 편차가 큰 경우가 있으나, 실제 원고 분량에서는 지나치게 차이가 나지 않도록 최대한 분량을 서로 간 맞춰가며 집필한다. 둘째, 2명의 연구자가 집필하였기에 서로 간 문체와 어법상의 차이는 있으나, 내용에 있어서는 네 개의 항목으로 구분하여 일관성을 갖춘다. 즉 각 항목에 해당하는 소제목과 글의 흐름은 연구자 각자의 학문적, 문학적 표현에 따라 다르지만, 내용은 항목에 매겨진 번호 순서대로 일관성 있게, 1번은 설립된 교회/기관의 지역적 특성, 2번은 설립 배경 및 과정, 3번은 교회/기관의 발전사, 4번은 언더우드 정신의 계승 현황 및 앞으로의 조명으로 구성하여 집필한다.

집필을 맡은 2명의 연구자는 명지대학교 방목기초교육대학 객원교수이자 연세대학교 강사인 송훈 박사와 명지대학교 교목 겸 방목기초교양대학 특임교수인 홍민기 박사이다. 송훈 박사가 연구하여 집필한 교회와 기관은 구미상모교회, 김포중앙교회/김포제일교회, 누산교회, 능곡교회, 대원교회, 송마리교회, 신사동교회, 탄현교회, 행주교회, 경신학교이고, 홍민기 박사가 연구하여 집필한 교회와 기관은 갈현교회, 광명교회, 금촌교회, 새문안교회, 서교동교회, 시흥교회, 신산교회, 양평동교회, 영등포교회, 청천교회, 하안교회, 대한기독교서회, YMCA이다.

이러한 집필 및 편집 과정을 통하여 본서는 연세대학교의 설립자 언더우드의 업적을 지역교회 및 기관과의 연관성 속에서 입체적으로 조명하였으며, 언더우드의 기독교적 창학정신이 학원선교의 틀을 넘어 언더우드 자매 교회와 자매 기관을 통해 제반 사회 영역에까지 면면히 흐르고 있음을 조명하였다. 이러한 조명을 통해 본서는, 개신교 최초의 선교사 언더우드에 대한 앞으로의 연구 방향이 학교와 교계와 기관의 긴밀한 상호 연관성 속에서 이루어져야한다는 점을 제안하고자 하며,

연세대학교를 비롯한 기독교 대학의 학원선교의 방향 또한 보다 적극적, 진취적으로 이 사회와 연계되어야한다는 점을 제시하고 한다.

2024. 9. 5

김동환

(연세대학교 교목/연합신학대학원 교수)

목
차

2부 언더우드 자매 기관

부록 언더우드 자매 교회 지역 분포도

1부 언더우드 자매 교회

갈현교회

경기 파주시 탄현면 장릉로 49번길 84, 대한예수교장로회(통합)

1. 민족사의 아픔이 담긴 곳, 장릉(長陵)

조선시대 역사 속에서 많은 이들의 입에 오르내리던 인물이 있었다. 조선의 15대 국왕으로 1608년부터 15년간 재위하던 광해군(光海君)이다. 그는 부왕 선조의 핍박은 물론이요, 명나라와의 대외적 압력 등 숱한 어려움 속에서도 이를 극복하고 왕위에 올랐다. 그러나 자신을 자리를 위협하는 정적들에 적극적으로 대항하고, 여기에 집착하게 되면서 재임 시절 상당한 어려움을 겪었다. 국외 사정도 그리 녹록지 않았다. 당시 중국에서는 명나라와 후일 청나라가 되는 후금(後金)이 서로 전쟁까지 벌이며 주도권 다툼을 하고 있었던 것이다. 그런 가운데 조선시대 붕당의 한 정파인 서인들이 광해군을 몰아내고 인조(仁祖)를 왕으로 옹립했다. 이것이 그 유명한 1623년의 인조반정(仁祖反正)이다.

많은 이들은 혼란스러웠던 광해군의 시대가 끝나고 새 왕이 등극하면서 평화와 안정이 오기를 간구했다. 그러나 이는 그리 쉽게 오지 않았다. 왕으로 즉위한 뒤 정국을 안정화시키기도 전에 자신을 도왔던 신하, 이괄이 난을 일으켰기 때문이다. 국제정세도 매우 유동적이었다. 후금이 명나라를 치고 점차 세력을 확장하면서 외부로부터의 압력도 점점 가중되었다. 이른바 친명배금(親明排金)의 정책적 입장을 내세우다 보니 후금은 1626년(인조 4년)에 조선을 침략했다. 정묘호란(丁卯胡亂)이었다. 물밀듯 내려오던 후금은 의주를 함락시켰고, 그 기세는 멈출지 몰랐다. 빠르게 남하하면서 인조를 자신의 안전을 도모하기 위해 강화로 천도하였다. 이후 인조는 대화로 풀어가자는 후금 측의 요청에 응하면서 1627년 정묘화약(丁卯和約)을 맺고 한숨을 돌리는 듯했다.

그러나 그것도 잠시였다. 1636년(인조 14년), 청나라는 조선과 군신관계를 맺겠다고 강력하게 요구해 왔다. 조선이 군신관계의 요구를 거부하자 청나라는 재차 조선에 군사를 파병하여 침략하였다. 이번엔 병자호란(丙子胡亂)이었다. 인조는 정묘호란 때처럼 강화도로 천도하려했다. 그러나 청나라의 신속한 진격으로 인하여 남한산성으로 피신할수밖에 없었다. 얼마지나지 않아 남한산성은 청나라 군대에게 포위되었고, 인조의 안위는 위태한 지경에 놓여버렸다. 결국 인조는 오늘날 서울송파구에 위치한 삼전도(三田渡)에서 항복이라는 굴욕을 맛봐야 했다. 그리고 소현세자(昭顯世子)가 소위 볼모로 중국에 잡혀가는 아픔을 겪었다. 이처럼 인조의 재임시절은 그리 순탄치 않았다. 그는 1649년 승하한 뒤, 앞서 세상을 떠난 원비 인열왕후가 묻힌 장릉(長陵)에 합장되었다. 본래 장릉은 파주 운천리 언덕에 자리잡고 있었지만, 관리상의 어려움으로 인하여 1731년 오늘날의 파주시 탄현면 갈현리로 옮겨졌다. 참고로 탄현면은 1914년 일제강점기 당시 행정구역 개편에 따라 탄포면과 현내면의 첫 글자를 따서 결합한 지역명이었다.

이처럼 장릉이 위치한 탄현면 갈현리에 거주하는 백성들은 이곳을 보며 당시 조선의 어려웠던 시절을 떠올렸을지 모른다. 국내적으로는 이괄의 난, 정치세력 간의 극심한 갈등, 국외적으로는 두 차례에 걸친 호란(胡亂) 등을 겪었으니, 인조의 심적 고뇌는 말로 표현할 수 없었을 것이다. 이른바 우리 민족사의 아픔을 일면 접할 수밖에 없던 탄현면 갈현리, 바로 그곳에 한 줄기 빛과 복음의 씨앗이 뿌려졌다. 바로 언더우드 선교사에 의한 시작이었다.

2. 칡나무 언덕(葛峴) 위에 세워진 신앙공동체

　2019년 개정증보하여 발행된 『새문안교회 100년사(1887-1987)』를 보면 20세기에 막 들어선 당시의 교회 상황을 아래와 같이 기술하고 있다.

> 1905년 을사5조약의 체결로 외교권이 일본에 강점당하면서 다소 주춤했던[새문안교회의] 지교회 설립운동이 1906년 들어 다시 활발하게 진행되었다. 1906년에는 파주에 죽원리교회(竹阮里敎會), 대동리교회(大同里敎會), 시흥군에 노량교회(鷺梁敎會, 현 노량진교회)와 김포군에 용강리교회(龍康里敎會)를 개척하였으며, 1907년에는 파주읍 일대 신산리, 갈현리, 용미리, 등원리, 발도리, 덕천리, 부작리, 금촌 등지에 지교회를 설립하는 등 교회 초기부터 시작된경기 일원에 대한 지교회 개척사업이 계속되었다. … 새문안교회는 1890년대부터 시작한 경기 일원의 지교회 설립운동을 1910년까지 꾸준하게 벌여 한국장로교회의 모교회로서의 사명을 다하며 복음의 전도 영역을 넓혀 나갔던 것이다. 이때 이 일을 맡아본 전도인은 최덕준(崔德俊)을 비롯해 이춘경(李春慶),

도정섭(都政燮), 윤상덕(尹相德), 이용석(李容錫), 신화순(申和淳) 등으로, 이들은 1890년대부터 언더우드 목사를 도와 경기 일원에 새문안교회 지교회를 세워 나간 열심있는 전도인들이었다(185-186).

한국 장로교회의 모교회라 할 수 있는 새문안교회는 설립 초기부터 그리스도의 복음을 전하기 위해 힘썼다. 이 사명을 갖고 내한했던 언더우드 선교사의 정신이기도 했기 때문이었다. 이 복음 확장의 루트는 경기 서북부, 즉 파주지역으로 연결되었다. 언더우드 선교사가 직접 가는 일도 있었지만, 때로는 자신을 대신하여 토착 전도인을 보내기도 했다. 토착 전도인은 상대적으로 선교사에 비해 언어가 유창하고 지리에 익숙했기 때문에, 유리한 점도 있었다. 그렇게 언더우드 선교사가 파송한 한국인 가운데 최덕준 전도인이 있었다. 초기 한국 장로교회의 역사를 정리한 『조선예수교장로회사기(상)』은 이와 관련하여 다음과 같이 기술하고 있다.

[1907년] 파주구역을 관리하던 선교사 언더우드가 전도인 최덕준에게 순회 전도를 맡긴 결과 신자가 크게 증가하여 파주읍 신산리(新山里), 갈현리(葛峴里), 용미리(龍尾里), 등원리(登院里), 발도리(發都里), 덕천리(德川里), 부작동(富作洞), 금촌(金村) 등지에 교회를 설립하니라(187).

최덕준은 언더우드 선교사가 상당히 신뢰하던 토착 전도인이었다. 언더우드 선교사의 신뢰에 호응하여 최덕준은 파주 지역에서 놀라울만한 선교적 성과를 얻었다. 1907년 신산리, 용미리, 등원리, 발도리, 덕천리, 부작동, 금촌을 비롯, 갈현리에 새로운 신앙공동체를 세우고 그 기반을 두텁게 다져놓았다던 것이다.

우리 민족사의 아픔을 지고 있던 인조, 바로 그가 인열왕후와 합장되어 있는 탄현면 갈현리 장릉에 복음이 전해졌다. 그리고 복음의 씨앗은 신앙공동체, 즉 갈현교회라는 결실을 맺게 되었다. 언더우드에서 최덕준으로, 그리고 갈현 신앙공동체에 속한 멤버들에게 그 복음이 연결되었던 것이다.

3. 아픈 뒤에 성숙한 교회

언더우드 선교사의 손길을 시작으로 최덕준 전도인에 의해 1907년 설립되었던 갈현교회는 일정 기간 그 신앙공동체의 모습을 유지했다. 그러나 눈에 띄는 급격한 성장을 이루지는 못했다. 아무래도 파주 지역 자체가 서울 외곽이다 보니 거주하던 주민이 본래 많지 않았기 때문이다. 게다가 아무리 파주가 서울과 한반도 북부 지역을 오가는 길목에 있었다고 해도 일제강점기 당시는 교통편이 수월하지 않았다. 따라서 전도인들이 계속적으로 이 지역을 순회하며 돌보기란 생각보다 쉽지 않았다. 그러한 이유로 갈현교회의 교세는 어느 시골의 교회와 크게 다르지 않았을 것이라 추정할 수 있다. 그렇게 해방 이전까지도 한국 기독교 역

사 속에서 1907년 파주시 탄현면에 설립된 '갈현'이라는 신앙공동체의
이름은 찾아보기 어렵다.

50년대 재건된 갈현교회

그러다가 1950년대 갈현교회 소식이 다시 사람들의 입에 오르내리기
시작했다. 그러나 기쁜 소식이라기 보다는 안타까운 소식이었다. 예배
당이 소실되었다는 것이다. 당시 갈현교회를 책임지던 초대 영수인 곽
주만은 갈현교회를 다시 일으키기 위해 힘썼다. 교인들은 예배당 재건
에 힘을 모았고, 그 결과 1951년 흙벽돌로 된 7평의 작은 예배처소를 세
울 수 있었다. 1953년에는 김대인 전도사가 부임하여 시무했으며, 2년
뒤인 1955년에는 차길원 전도사가 부임하여 교회를 이끌었다. 그러다
가 다시 2년이 지난 1957년 이필성 전도사가 새로운 담임자로 부임하
게 되었다. 그는 2년간 시무하다 교회를 떠난 전임자들과 달리 1968년
까지 11년간 재임하며 갈현교회와 지역 복음화에 진력했다. 이후 이익
상 전도사(1969년), 장화윤 목사(1971년), 조종규 전도사(1976년), 전
유성 목사(1978년)가 갈현교회의 담임교역자로 시무했다.

그러나 1970년대 초에 시무했던 교역자 가운데 한 명이 한국교계에서 이단으로 분류된 구원파와 관련을 맺게 되면서 갈현교회는 커다란 어려움을 겪게 되었다. 전해 내려오는 말에 의하면 이 당시 3가정만 남아 간신히 신앙공동체의 명맥을 이어갔다고 한다. 그럼에도 불구하고 교회에 남은 교인들은 끝까지 믿음으로 교회를 지켰다. 다행히 1980년 4월, 인근 군부대의 협조로 현재의 예배당을 신축했으며, 1982년 헌당예배를 드리며 다시금 일어설 수 있는 계기가 마련되었다. 여기에 1990년대 중반 군인교회가 세워지기 전까지 군 장병들과 함께 예배드리는 민(民)과 군(軍)의 연합된 신앙공동체로 그 아름다운 모습을 보여주기도 했다. 이것이 교회가 더욱 성장 발전할 수 있는 기반으로 다져질 수 있었던 것이다. 여담이지만, 당시 교회 내에 공중전화가 설치되어, 군복무 중인 장병들이 사회와 소통할 수 있는 창구역할을 맡기도 했다고 한다.

이후 1980년대와 1990년대 원훈상, 임성빈, 박성규, 최성수 등의 교역자들이 목회하면서 목양일념의 정신으로 교인들을 돌보았으며, 더 나아가 파주시 탄현면 갈현리 복음화에 중심된 역할을 맡으며 지역 사회의 모범된 교회로 성장을 추구해 나갔다.

4. 과거와 현재를 이어 미래를 준비하는 교회

1907년 설립 이후 갈현교회가 한국 교회로부터 크게 주목을 받은 일은 많지 않았다. 이른바 시골교회의 특성상 교세가 크게 부흥한 적이 없었던 것은 물론, 일제강점기 일정 부분 역사적 공백과 같은 시간이 있었기 때문인 듯하다. 그럼에도 갈현교회의 이름은 자주는 아니더라도 때때로 사람들의 입에 오르내리곤 한다. 그 이유는 바로 언더우드 선교사때문이었다. 예수 그리스도의 말씀과 가르침을 전하기 위해 1885년 봄에 내한한 언더우드 선교사, 바로 그의 꿈이 파주시 탄현면에서 결실로나타난 것이다. 갈현교회 교인들도 이 사실을 잘 알고 있다. 그래서 교회 예배당 바로 옆에 설립 100주년을 기념하며 지상 2층의 부속건물을건축하기도 했다. 이처럼 언더우드 선교사로부터 시작되었다는 역사적의미를 갈현교회와 그 구성원들은 자부심으로 생각하고 있다.

역사적 자부심을 마음껏 드러낼 수도 있지만, 그럼에도 갈현교회는 겸손한 믿음의 모습을 보여준다. 바꿔 말하자면 역사성만 자랑하는 교회가 아니라, 지난날 언더우드 선교사로부터 받은 복음의 빚을 앞으로 어떻게 하나씩 갚아나갈 수 있을까 늘 고민한다는 점이다. 그렇게 갈현교회는 과거와 현재를 이어 미래를 준비하며 언더우드 선교사의 정신을기억, 기념, 계승하고 있다.

갈현교회 전경

참고문헌

1. 『한국민족문화대백과사전』(인터넷 홈페이지). https://encykorea.aks.ac.kr.

2. 차재명 편. 『조선예수교장로회사기(상)』. 조선기독교창문사, 1928.

3. 『원두우, 그 섭리의 발자취』. 새문안교회, 2007.

4. "갈현교회." 『기독교대백과사전』 1권. 기독교문사, 1980.

5. 「교회역사탐방 김진홍」(인터넷 블로그 홈페이지). https://blog.naver.com/kimkang01/223280823662.

광명교회

경기도 광명시 새터로 70번길 6, 한국기독교장로회

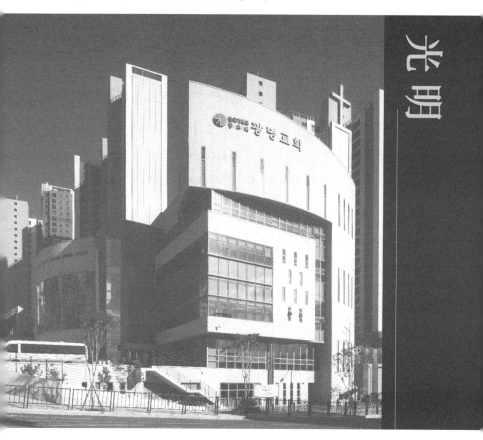

1. 밝은 빛이 이곳을 밝히다(光明)

오늘날 광명시는 북쪽과 동쪽에 서울특별시, 서쪽에는 시흥시, 남쪽은 안양시와 접하고 있다. 인근의 시흥시 군자동과 정왕동 등지에서 빗살무늬 토기조각이 출토된 것을 미루어 볼 때, 이 지역도 신석기 시대 인류가 거주했었을 것이라 여겨진다. 삼국시대에는 처음에 백제의 영토였지만, 고구려를 거쳐 신라의 지배 아래 들어갔다. 구한말인 1895년 지방제도의 개정으로 시흥군이 되었고, 1914년 조선총독부의 행정구역 개편에 의해 안산, 과천과 함께 시흥군에 통합된 상태로 남아 있었다. 그러다가 해방 이후 1950년대 들어 서울에서 유입된 인구의 급격한 증가로 그 어느 도시보다도 규모가 성장하게 되었다. 그러한 영향으로 1981년 시흥시에서 분리되었고, 동시에 광명시로 승격하여 오늘에 이르게 되었다. 경기도의 도시 가운데 서울과 가장 인접한 도시로 서울을 비롯한 수도권 팽창과 함께 광명시도 급격한 내외적 성장을 이루어왔다.

이처럼 수도 서울과 인접한 지역이다 보니 선교사들은 자연스럽게 이곳을 주목하지 않을 수 없었다. 서울 정동에 자리를 잡은 언더우드(H. G. Underwood)도 복음의 경로를 확장하기 위해 수도 외곽 지역을 틈틈이 다니며 복음을 전하였는데, 광명도 그가 관심을 두던 지역 가운데 하나였다. 관심을 둔만큼 이 지역에 복음의 씨를 뿌리고 신앙공동체를 세우기 위한 방안에 대해 고민했다.

한편 오늘날 광명교회가 세워진 광명시 새터로는 20세기 초 경기도 시흥군 서면 광명리 새터마을이라고 불렸다. 당시 이 마을의 구성원들 대다수는 충청도 출신들이었다. 즉, 광명교회가 설립되기 20여 년 전인 1885년, 충청도 지역에서 이주한 사람들에 의해 조성된 곳이었다. 당시 충청도 지역을 휩쓴 극심한 가뭄으로 인해 고향을 떠나온 사람들이 모여 살게 된 곳이 바로 새터마을이었던 것이다. 물론 다른 지역에 비해 비옥한 토지는 아니었지만, 예로부터 터주대감 역할을 하는 이들이 없었기에 외지인들이 나름 쉽게 정착할 수 있는 곳이었다. 바로 이곳에 언더우드로부터 복음의 씨앗이 뿌려지기 시작한다.

2. 두 모녀에게 복음전도자의 길을 권하다

장로교회의 초기 역사를 정리한 차재명 목사는 1928년 조선기독교창문사에서 발행한 『조선예수교장로회사기(상)』에 광명교회의 설립에 대해 이렇게 이야기한다.

[1906년에] 시흥군 광명교회가 성립하다 선시에 원두우[언더우드] 선교사의 전도로 송준오, 김홍서가 주님을 믿게 되어(信主) 교회가 설립되니라『조선예수교장로회사기(상)』, (146-147).

위 문구에서 먼저 우리가 주목할 부분은 광명교회가 언더우드에 의해 시작되었다는 것이다. 그의 전도로 송준오, 김흥서가 기독교 복음을 수용하게 되었는데, 이것이 바로 광명교회의 출발이었다. 그러나 오늘날 광명교회는 이보다 3년 앞선 1903년에 신앙공동체가 시작된다고 한다. 그것은 대대로 내려오는 교회 안의 구전으로 비롯된 바가 크다. 교회 창립에 관여했던 교인들의 증언에 의하면 1903년 시작되었다는 것이다. 좀 더 구체적으로 풀어보자면 언더우드가 오류동에서 가마를 타고 오늘날 광명교회가 세워진 곳보다 조금 밑의 지점에 교회를 세웠다. 그리고 여기에 한신애와 조은상이란 두 명의 인물을 복음 전도자로 보내면서 광명 지역의 신앙공동체가 시작되었다고 한다.

한신애와 조은상은 모녀지간이었다. 이 둘은 황해도 연백평야 동쪽에 위치한 배천(白川) 출신이었다. 그러나 고향에서 두 사람 모두 남편을 잃고 서울로 올라오게 되었다. 서울로 올라온 모녀는 언더우드가 설립한 새문안교회에 출석하게 되면서 신앙생활을 하게 된다. 언더우드는 일찍이 과부가 된 두 모녀에게 복음 전도자로서의 사명을 감당하게끔 권고했다. 그렇게 언더우드의 제안을 기쁘게 받아들인 한신애와 조은상은 시흥과 광명, 철산 등지에서 기독교 복음을 전하는 사역자로 적극 활동했다.

『조선예수교장로회사기(상)』에 언급된 송준호와 김흥서, 이 두 사람이 복음을 받아들이게 된 것도 바로 언더우드의 부탁을 받은 한신애와 조은상의 전도로 인한 바였다.

초기 교인의 증언으로 그려낸 첫 번째 예배당(1912년)

3. 광명을 넘어 복음을 전하다

언더우드가 파송한 한신애와 조은상의 전도로 기독교인이 된 송준호
와 김흥서, 이 둘은 누구인가. 송준호는 충청도에서 올라온 이주민이었
다. 경제적 형편이 여의치 못해 어려운 생활 속에 있던 중 혹여나 교회
에 나가면 궁핍한 생활에서 벗어날 수 있을 거란 기대에 교회 문을 두드
렸던 자였다. 김흥서는 평소 건강이 좋지 못했다. 오랜 기간 병으로 고
생하여 무속신앙을 의지하며 간간이 버티며 생활하고 있었다. 그런 차
에 한신애와 조은상의 전도를 받아 교회에 발을 들여놓게 되었고, 이후
지병이 낫게 된다. 그렇게 광명에 세워진 신앙공동체에 두 사람이 복음
을 수용하고 함께하게 되었던 것이다.

송준호와 김흥서 외에도 초기 멤버로 함께한 이들이 있었다. 김형약과 홍수범, 홍문필이 바로 그들이다. 이 가운데 홍수범은 전도인 조은상과 만나 새롭게 가정을 꾸리면서 헌신적인 신앙인이 되었다. 동시에 교회 사찰과 같은 역할을 맡으며 교회의 중심적인 위치에 있었다. 그리고 아내로 맞이한 조은상과 함께 열정적인 전도 활동을 이뤄갔다. 대표적으로 홍문필이 홍수범의 전도를 받아 교회에 출석하게 된 경우였다. 이처럼 송준호, 김흥서, 김형약, 홍수범 등은 광명교회의 초창기 멤버임과 동시에 영수(領袖) 등으로 직책을 맡았다. 그렇게 이들 평신도 지도자는 모든 교인으로부터 존경을 받으며 초기부터 오랜 기간 광명에 세워진 신앙공동체를 이끌어 왔다.

그렇게 한신애, 조은상, 홍수범, 김형약, 홍문필 등이 주축이 되어 이뤄진 광명교회는 안정된 기반 위에 해당 지역에 뿌리를 내려갔다. 주로 광명리(光明里) 반경 4km에서 전도활동을 하며 지역 복음화에 힘썼다. 그러나 때로는 양평리와 영등포, 도림동, 가학리, 시흥, 과천 지역까지 다니며 기독교 복음을 전하였다. 전체적인 예배는 주로 한신애가 맡아 이끌었고, 그녀의 딸 조은상은 평소에 농사일을 하다가도 교회에 일이 생기면 참여하며 모친 한신애의 사역을 적극 도왔다. 그러나 신앙공동체가 세워지고 10년 여가 지났음에도 광명교회는 마땅한 예배처소를 갖지 못했다. 이른바 가정별로 돌아가며 예배하는 유랑민과 같은 신앙공동체로 존재했던 것이다. 일찍이 언더우드는 이러한 광명교회의 형편을 듣고 있었다. 마침내 언더우드와 전도사 김기현의 도움을 받아 1912년 시흥 석수동에 방치된 초가 6간 규모의 폐가를 얻게 되었다. 그리하

여 12평의 예배당을 꾸미면서 정식으로 '야소교장로회 광명리예배당'
이란 간판을 세웠다.

1912년 예배당을 마련한 광명교회는 1920년 양평리교회에서 이춘
경 장로가 이적함에 따라 첫 당회를 정식으로 조직할 수 있게 되었다.
그리고 1년 뒤인 1921년에는 인근의 여타 교회와 교류하는 연합정신
을 발휘하게 되는데, 그로 인하여 면려청년회 및 야학운동을 전개하였
다. 이러한 활동으로 인해 지역 사회에 교회를 향한 긍정적 인식이 제
고될 수 있었고, 교인도 늘어나 당시 50여 명에 이르렀다. 교인들은 광
명교회가 앞으로도 계속 발전할 수 있을 것이란 기대감으로 가득했다.
그러나 3.1운동 등 일제의 압력으로 인하여 광명교회도 많은 어려움을
겪게 되었다. 일제의 통치 가운데 우리 민족의 어려움 등이 가중되면서
교회도 비슷한 상황을 맞이하게 되었다. 교회를 찾아오는 교인들의 수
도 조금씩 감소했다. 그 사이 홍수범을 비롯해 교회의 요직을 맡고 있
던 평신도 지도자들이 세상을 떠났다. 그러한 상황임에도 한신애와 조
은상 등 광명 지역에 기독교 복음의 씨앗을 뿌렸던 이들은 끝까지 자리
를 지키며 교회와 함께 했다. 그러나 해방을 7개월여 앞둔 1945년 1월,
한신애가 90세의 나이로 세상을 떠났다. 그렇게 일제강점기라는 어둠
의 터널을 보냈다.

1945년 8월 15일, 우리 민족이 해방을 맞이한 것도 잠시, 한국전쟁
으로 인해 우리 사회는 많은 혼란을 겪어야 했다. 다만 전쟁 중임에도

광명교회는 새로운 희망을 품고 미래를 그려나갈 수 있었다. 1952년 5월 31일, 광명교회 최초로 지연일 장로의 임직식이 거행되었기 때문이다. 평신도 지도력이 굳게 서는 순간이었다. 이어 3년 뒤인 1955년 11월 20일에는 20평 규모의 두 번째 예배당을 새롭게 건축했다. 그리고 1962년 4월 9일, 김귀혁 목사가 1대 담임자로 부임하면서 지연일 장로와 함께 안정된 자리를 잡아갈 수 있었다. 여기에 1970년 11월 1일, 김금녀 전도사가 합류하여 교인들의 영적 생활을 잘 돌볼 수 있게 되었다. 김귀혁 목사는 27년간의 목회생활을 정리하고, 1989년 은퇴함과 동시에 명예, 공로목사로 추대받았다. 그를 이어 고완철 목사, 고명수 목사, 이도형 목사, 박승희 목사, 이성일 목사가 담임자로 취임하면서 광명교회는 오늘에 이르고 있다.

4. 지금도 살아 숨쉬는 언더우드 정신과 유산

광명교회는 2003년 온 교우와 함께 교회창립 100주년 기념예배를 드렸다. 언더우드의 영적 지도 아래 새문안교회에서 신앙 생활하던 한신애, 조은상, 이 두 명의 여성에 의해 광명지역에 복음의 씨앗이 직접적으로 뿌려졌고, 오늘의 광명교회에 이르게 되었다. 광명교회의 6대 담임목사로 2017년 4월 취임한 이성일 목사도 이 교회의 시작이 언더우드에 의해 출발하였음을 잘 알고 있었다. 그래서 그는 교회 홈페이지 인사말을 통해 아래와 같이 교회를 소개하고 있다.

광명교회는 1903년 5월 2일 언더우드 선교사에 의해 세워져 오늘에 이르고 있습니다.

광명교회는 창조주 하나님을 경배하고 예수 그리스도를 주인으로 모시며 날마다 성령님을 의지하고 동행합니다.

광명교회는 오랜 교회의 역사와 함께 살아오신 어르신들로부터 초신자 및 유아에 이르기까지 다양한 세대가 함께 예배를 드립니다.

광명교회는 가족들 모두가 겸손으로 허리를 동이고 서로를 향하여 열린 마음으로 섬기며 사랑을 나눕니다.

광명교회는 세상에 지치고 피곤한 이들이 찬송과 기도, 그리고 말씀과 나눔을 통해 진정한 위로와 쉼을 누리는 치유 공동체입니다.

광명교회는 세상에 빛과 소금의 역할을 감당하는 하나님의 청지기를 파송하는 선교 공동체입니다.

광명교회는 이웃과 세상을 향하여 소망을 주며 복음의 기쁨을 나누는 일에 힘쓰겠습니다.

광명교회는 하나님 나라의 확장을 위하여 지역사회의 복음적인 교회들과 함께 협력하겠습니다.

(광명교회 홈페이지)

광명교회는 신앙공동체의 출발이 언더우드로부터 시작되었다는 사실을 첫 번째 항목에 언급하면서 그 중요성과 의미에 대해 분명히 밝히고 있다. 교회의 설립과 그 정신적 가치가 언더우드와 더불어 이뤄졌다는 의미이다. 그만큼 광명교회와 언더우드는 유기적 연결성을 맺고 있다.

오늘날의 교회 전경(광명교회 제공)

참고문헌

1. 광명교회 홈페이지. http://www.gmchurch.or.kr.

2. 『한국민족문화대백과사전』(인터넷 홈페이지). https://encykorea.aks.ac.kr.

3, 『디지털광명문화대전』(인터넷 홈페이지). https://www.grandculture. net/gwangmyeong/toc/GC03100907.

4. 차재명 편. 『조선예수교장로회사기(상)』. 조선기독교창문사, 1928.

5. 한국교회사학회 편. 『조선예수교장로회사기(하)』. 연세대학교 출판부, 1968.

6. 김승욱 편. 『영등포교회 백년사 1904-2003』. 영등포교회 교회사편찬위원 회, 2006.

7. 『원두우, 그 섭리의 발자취』. 새문안교회, 2007.

구미상모교회

경상북도 구미시 박정희로 69-5, 대한예수교장로회(합동)

1. 전통에서 개혁으로

　구미상모교회가 위치한 지역의 원래 지명은 선산군 상모동이었다. 선산지역은 후삼국시대부터 교통의 요지이자 불교가 전파되었던 전초기지로 알려져 있다. 이 지역에 불교가 전파되고 중흥하면서 수많은 사찰이 건립되었고, 그와 더불어 많은 석탑과 전탑들이 현재까지 남아 문화재로 보존되고 있다. 조선시대로 넘어오면서 선산지역은 야은, 길재 등을 배출한 문화적 특징을 가지게 되었다. 일설에 의하면 조선 인재의 반은 영남에 있고, 영남 인재의 반은 선산에 있다고 할 정도로 문학하는 선비가 많았던 지역으로 알려져 있다. 그만큼 이 지역에는 훌륭한 향교와 서원이 많아 인재가 끊이지 않는 지역이라는 자부심을 가지고 있었다.

　조선 후기, 즉 18세기로 접어들면서 이 선산군에 많은 인구가 유입되기 시작하였다. 선산지역에서 생산되는 농산품들, 특히 면화는 낙동강의 수로를 따라 동해안 및 함경도까지 전달될 수 있어 지역 경제에 큰 도움이 되었다. 19세기 조정의 부패와 탐관오리들의 발호로 인해 농민들의 삶이 피폐해지기 시작하면서 선산에서도 농민봉기가 일어나게 되었다. 산발적인 농민봉기는 곧 진압되었지만, 19세기 후반 동학 운동이 시작되면서 경상도 지역의 동학들도 일종의 혁명조직으로 변화되기 시작하였다. 특히 이 선산 지역은 이웃한 상주, 유곡과 함께 동학의 소굴로 여겨졌던 동학운동의 중심지였다.

2. 구미상모교회의 시작

　구미상모교회는 원래 동학교도였다가 우연찮게 서울 정동의 언더우드를 만난 정인백의 사랑방에서 시작되었다. 동학을 통해 조선의 민중을 깨우고 새로운 시대를 열겠다는 정인백의 기개는 동학혁명이 실패한 후에도 사그라지지 않고, 서양에서 온 기독교를 접한 후에 새로운 모습으로 타오르기 시작하였다. 구미상모교회 100년사에 보면 정인백은 동학 농민혁명이 진압된 후에 서울로 잠입하여 언더우드 선교사를 만나게 되었다고 적고 있다. 사람다운 삶, 평등한 삶을 외쳤던 기독교의 복음을 받아들이게 된 정인백은 고향으로 돌아와 가족과 지인들에게 복음을 전하기 시작했다. 이들은 정인백이 전한 복음을 받아들이게 되었고, 1901년 3월 13일 그의 사랑방에 10명이 모여 처음으로 예배를 드리기 시작하면서 구미지역의 새로운 기독교 공동체가 만들어지는 역사가 시작되었다.

　정인백의 사랑방에서 시작된 예배 공동체는 이후 30여명의 넘는 인원이 모이는 지역 복음화의 거점으로 성장해나가기 시작하였다. 더 이상 정인백의 집에 모이는 것이 불가능해진 상모의 예배 공동체는 자발적인 헌신을 통해 새로운 초가집을 성전으로 건축하여 봉헌하는 역사를 이루어내었다. 뿐만 아니라 부해리(Henry Munro Bruen, 1874-1959) 선교사의 전도사역이 함께 이루어져 정식으로 선교부에 등록할 수 있게 되었다. 부해리 선교사의 전도활동과 더불어 선산 부지동교회에서 장로로 장립한 김기원 조사의 협력이 빛을 발하기 시작하였다. 그는 1907년부터 1909년까지 선산 지역을 순회하며 동역하던 조사로서 상모 교회에서 사역하였으며, 이후에는 평양 장로회신학교에 입학한 후 1914년에 목사 안수를 받게 된다. 평신도 정인백의 헌신과 부해리 선교사의 열정적인 전도활동 그리고 현지 사역자인 김기원의 노고로 인해 구미상모교회의 기초는 더욱 단단히 다져지기 시작하였다.

구미상모교회는 조선의 근대화의 가장 축인 교육의 중요성을 인식하고 다음 세대를 위한 교육을 일찍이 실천해나갔다. 처음으로 예배를 시작한 1901년에서 3년여 지난 1904년 예배당을 교실로 하여 영명학교를 시작하게 되었다. 학교를 열자마자 교인들의 자녀들, 그리고 지역의 청소년들까지 몰려들어 오히려 교육을 위해 예배당을 초가 8간으로 개축하는 일을 단행하였다. 물론 이러한 열정적인 교육은 일제의 학교 억압정책으로 지속적인 성장을 이루지는 못했지만, 다음 세대를 교육하여 민족의 미래를 개척하겠다는 정신은 상모측량학교를 통해 계속 이어지게 되었다.

3. 교회의 성장

개신교 선교부의 연합활동과 언더우드와 같은 선교사들의 열성적인 복음전도의 사역으로 인해 한국의 교회들은 나날이 성장할 수 있었다.

특히 네비우스 방법을 차용한 장로교 선교부는 1907년 독노회를 창립하였고, 1912년에는 7개 대리회를 노회로 격상하여 조직하는 일을 감행하게 되었다. 이 때 조직된 노회는 경상노회, 전라노회, 경충노회, 황해노회, 북평안노회, 남평안노회, 함경노회였다. 상모교회는 이 중 경상노회에 속하게 되었고, 경상노회가 경북노회와 경남노회로 분립된 1916년부턴 경북 노회에 일원이 되었다. 이러한 노회의 설립과 성장 가운데 1912년 대구선교부는 이문주 조사를 상모교회의 담임교역자로 임명하였다. 그는 평양신학교에서 수학하였던 1913년에서 1914년을 제외하고 1917년까지 상모교회를 담임하여 섬기었다. 또한 이문주 조사와 함께 이 시기에는 방혜법(Herbert E. Blair, 1879-1945) 선교사가 순회선교사로 선산과 상주군을 담당하면서 상모교회의 기반을 탄탄히 하고 전도활동에 심혈을 기울여 나갔다.

이후 이문주 조사가 사임하고 방혜법 선교사와 함께 할 동사목사가 청빙되었는데, 그가 바로 상모교회의 1대 당회장으로 이름을 올린 임종하 목사이다. 그는 1920년부터 1923년까지 상모교회에서 사역했고, 그 기간 동안 상모교회에는 여전도회가 조직되는 역사가 이루어졌으며, 교회가 성장하며 1922년에는 와가 6간의 예배당을 건축하였다. 1926년에는 정인명이 최초의 장로로 장립되었고, 곧 당회를 구성하면서 이희봉 목사가 초대 당회장으로 세워지게 되었다. 이 즈음 상모교회의 교인 수는 70명을 넘어서게 되었고, 교회 건물도 18평 기와집으로 탈바꿈 할 수 있었다.

하지만 태평양 전쟁의 시작과 함께 상모교회는 일제의 직접적인 탄압에 직면하기 시작하였다. 신사참배의 결정이 나고 일제의 간섭이 심해지면서 사역자들이 사임하는 경우가 생기기도 하였다. 특히 태평양 전쟁이 총력전의 양상을 띠게 되면서 일제 하 한국교회들은 커다란 위기에 직면하게 되었다. 교회종과 종각 및 모든 철물들을 헌납하라는 명령이 내려지기도 하고, 심지어 교회 건물들을 징집하여 관공서 건물로 사용하는 명령을 내리기도 하였다. 이로 인해 구미 상모교회는 1943년 천주교회 및 구미 성결교회와 통폐합 되면서 교인들은 각자의 가정에 흩어져 예배를 드릴 수밖에 없었다.

1953년 구미상모교회 전경(구미상모교회 100년사)

1945년 해방은 상모교회의 재건으로 이어졌다. 이들은 당회를 회복했고 성전을 신축하기 위한 계획에 착수하여 1950년 32평의 목조 기와

집을 건축하였다. 하지만 곧 한국전쟁이 발발했고, 북한군이 낙동강까지 몰려오자 많은 교인들이 피난을 가게 되었다. 전쟁이 남긴 상처보다 전쟁 직후에 일어났던 장로교의 분열은 상모교회가 속한 경서노회에 큰 아픔을 남겨주었다. 특히 경상도 지역은 출옥성도의 문제로 고신의 분리, 그리고 기장의 이탈 등 교회의 분열이 격렬하게 진행되었던 지역이었다. 이러한 와중에 상모교회는 보수적인 신앙 노선을 추구하게 되면서 장로교 합동 총회로 가입하게 되었다.

4. 현재의 구미상모교회

구미상모교회는 대한민국의 근대화와 함께 새로운 성전을 건축하고 내부 시설을 현대화하였다. 그리고 1970년대와 80년대 부흥의 시기에 젊은 세대들이 교회로 몰려들게 되면서 상모교회 또한 다음 세대를 위한 교육관을 봉헌하기에 이른다. 그리고 유치부, 유년부, 초등부, 중등부, 고등부, 청년부, 대학부의 부서를 만들어 체계적인 교회학교를 시작하게 되었다. 그리고 개신교 선교와 더불어 시작된 여전도회와 더불어 남전도회를 조직하고 복음전도에 박차를 가하였다. 그러한 노력에 힘입어 구미상모교회는 1982년 말에 교인 수가 1,460명에 달할 정도로 성장하였다.

교세의 성장은 지역사회 안에서의 교회의 역할 또한 증대해야 함을 의

미한다. 구미상모교회는 1996년 어린이 선교를 위한 선교원을 개원하여 구미시의 취학 전 어린이들을 섬기는 일을 시작하였다. 또한 직장인들을 위한 전도대회를 개최하였고, 전교인들을 대상으로 하는 헌혈 행사를 진행하였다. 이렇듯 구미상모교회는 지역 사회에 복음을 전하며 이웃들을 섬기는 두 기둥의 사역을 열정적으로 진행하였다. 나아가 과거 개신교 선교사들의 헌신으로 지역에 복음이 전해졌던 것처럼 이제 구미상모교회도 선교사를 파송하여 제 3세계의 어려운 이웃들을 섬기는 일에 최선을 다하고 있다.

동학운동에 참여했던 정인백이 바라본 기독교는 모든 사람들이 하나님의 공의를 평등하게 누리는 새로운 세상을 여는 종교였다. 정인백의 바람대로 전통적인 기독교 신앙을 고수하면서도 새로운 문화 가운데서 세상을 변화시켜나가는 언더우드의 조선에 대한 비전을 구미상모교회는 40만 시민이 거주하는 구미뿐만 아니라 세계 선교지에서 실현해나가고 있다.

구미상모교회(기독교신문 홈페이지)

참고문헌

1. 디지털구미문화대전.

2. 장영학.『구미상모교회 100년사: 1901. 3. 13~ 2001. 3. 12』. 구미상모교
   회, 2004.

3. 한국기독교역사연구소 편.『조선예수교장로회사기(상), (하)』. 한국기독교역
   사연구소, 2000.

금촌교회

경기도 파주시 율목길 85(평화로 50), 대한예수교장로회(통합)

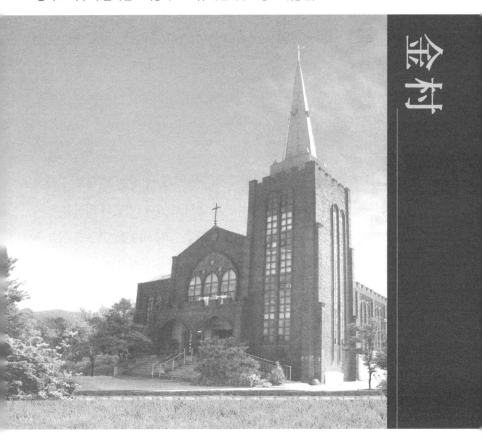

金村

1. 고개(坡州) 넘어 황금빛으로 빛나는 마을(金村)

　금촌동의 상위 행정구역인 파주시는 오늘날 휴전선과 접하고 있다. 바꿔 말하면 남북 분단의 아픔을 느낄 수 있는 곳이기도 하다. 그러한 이유로 한국전쟁으로 인해 생겨난 근대문화유적을 살펴볼 수 있다. 임진각, 통일공원, 판문점, 자유의 다리 등이 그 대표적 예이다. 많은 이들이 평화순례와 관련 교육의 일환으로 이 지역을 방문하곤 한다. 그리고 때로는 남북 분단의 특수성으로 인하여 방송, 신문 매체의 주목을 받는 곳이기도 하다. 이는 파주라는 지역이 한반도의 남과 북을 잇는 다리의 역할을 감당했다고 볼 수 있다. 좀 더 구체적으로 말하자면 예로부터 조선의 수도 한양과 개성, 그리고 평양을 거쳐 신의주로 나가는 길목 가운데 있었다는 말이다.

　이러한 파주시는 동쪽으로 양주시, 서남쪽은 한강을 경계로 김포시와, 북부는 임진강을 경계로 개풍군과 접하고 있다. 이곳의 역사를 살펴보면 삼국시대까지 거슬러 올라가게 된다. 당시 이곳은 고구려 영토에 속해 있었다. 그러나 신라가 삼국을 통일한 뒤에는 신라의 영토로, 이어 고려와 조선시대를 거쳐 줄곧 우리 민족의 삶이 녹아있는 터전이었다. 1895년 구한말에는 부군(府郡) 제도의 실시에 따라 파주군이 되었고, 한성부에서 관할에 놓였다. 그러나 이듬해인 1896년에 경기도로 관할이 변경되었다. 일제강점기인 1914년, 행정구역 개편에 의해 주내, 천현, 월롱, 광탄, 조리, 임진, 파평, 와석, 청석, 탄현, 아동 등 11개 면이 파주군에 속했다. 해방 이후에는 일부 지역이 통폐합되거나 편입되면서 변동이 있었다. 그 가운데 1973년 아동(衙洞)면이 금촌읍으로 승격되었고, 23년 뒤인 1996년 3월 1일, 파주군이 파주시로 승격되면서 자연스럽게 금촌읍 전체가 동(洞)으로 행정 명칭변경을 이루었다.

아동면이라 불리던 바로 이곳 금촌 마을에 117년 전 복음의 씨앗이 뿌려졌다. 북장로회의 개척선교사 가운데 한 명인 언더우드 선교사로부터 된 일이었다. 그 복음의 씨앗은 고개 넘어 황금빛으로 가득한 마을, 이곳 금촌이었다.

2. 두 모녀에게 복음전도자의 길을 권하다

대한예수교장로회(통합) 금촌교회는 자신들의 옛 역사를 다음과 같이 기술하며 시작한다.

> 1907년 3월 15일, 언더우드 선교사가 개척하고 이원긍, 신태영 씨를 중심으로 금촌3리(새마을)에서 초가 4간을 예배처로 삼은 것이 본 교회의 시작이다. (금촌교회 홈페이지)

1907년 3월 15일, 언더우드 선교사가 설립한 교회라는 말이다. 그의 수고와 노력 끝에 파주 금촌에 신앙공동체가 설립되었다. 교회 설립과 관련하여 정확한 사료적 근거는 좀 더 추적해 봐야겠지만, 위 문구만 보더라도 금촌교회가 언더우드 선교사와 직간접적인 관련이 있음을 알게 된다.

한편 언더우드 선교사는 금촌 위에 세워진 이 신앙공동체를 줄곧 관리하며 이끌어 나가기엔 어려움이 있었다. 당시 그의 거주지와 주요 사역지가 서울에 있었기 때문이다. 이곳 금촌에 신앙공동체가 세워지게 된 것도 언더우드 선교사가 파주 금촌에 정착하면서 태생된 것은 아니었다. 일반적으로 파주 지역은 서울과 한반도 북부를 오가며 지나가는 통로였기 때문이다. 이 점을 고려할 때 언더우드 선교사는 서울에서 한반도 북부를 오가는 중에 전도하면서 금촌의 신앙공동체를 설립했을 것이라 생각된다. 따라서 서울에 거주하던 언더우드 선교사는 이제 막 생겨난 금촌 신앙공동체의 운영과 관리를 누군가에게 부탁할 수밖에 없었다. 이 일은 한국인 동역자의 몫이었다. 이원긍, 신태영이 그 역할을 맡았다. 아마도 여기서 언급된 이원긍(李源兢)은 1902년, 정치사건에 연루되어 한성감옥에 수감되었다가 기독교에 입교한 인물로 추측된다. 그는 당대의 대표적인 기독교 지식인이었다. 이렇게 이원긍과 신태영은 언더우드 선교사의 뒤를 이어 금촌3리에 초가 4간의 작은 집을 예배처로 삼으며 신앙공동체를 이끌어 갔다. 이원긍과 신태영의 뒤를 이어 여성 사역자인 한 마리아가 파주지역 순회전도사로 시무하면서 금촌 지역에 기독교 복음이 본격적으로 자리를 잡아가기 시작했다.

3. 비전의 땅, 금촌

언더우드 선교사에 의해 1907년 봄, 이 땅에 세워진 금촌교회는 설립 초기 그 이름이 한국 교계에 널리 알려지지 못했다. 20여 년 넘게 사람들의 입에서 금촌에 세워진 신앙공동체와 관련한 언급이 나오지 않았기 때문이다. 그만큼 초창기 교회의 역사는 상당 부분 알 수 없는 형편이다. 이 점을 고려해 볼 때, 금촌 지역의 복음전도활동은 그리 수월하게 전개되지 못했던 듯하다.

그러다가 설립된 지 25년이 지난 1932년에 이르러서야 금촌교회의 이야기가 주변에 전해졌다. 기존 4간의 초가 예배당을 헐고, 초가 6간의 새예배당을 지었다는 소식이었다. 예배처소도 변경되었는데, 기존 금촌 3리에서 금촌1리로 새롭게 바뀌었다고 한다. 어찌 되었든 예배당의 규모가 기존보다 조금이나마 확장되었다는 것은 금촌교회가 발전하고 있다는 말로 해석할 수 있었다.

예배당 신축과 이전이 이루어진 1930년대 금촌교회에는 차경성 전도사가 부임하여 시무했다. 그러나 차경성 전도사는 금촌교회의 전임 사역자라기 보다 금촌, 갈현, 대동, 문산, 광탄, 대원교회 등 인근 지역 모두를 순회하며 돌보는 역할이었다. 그런 가운데 이종수 영수라는 평신도 지도자가 금촌교회를 맡아 관리하게 되었다. 1934년에는 조승도 전도사가 부임하여 시무했고, 1936년에는 최의열 전도사가, 1938년 정호림 전도사가 부임하여 금촌 지역 복음화와 교회 발전을 위해 시무했다. 그러나 2년마다 사역자가 교체된 것을 고려할 때 지역 복음화의 속도는 생각보다 더뎠음을 추측하게 된다. 그만큼 금촌의 복음사역은 쉽지 않은 부분이 있었다.

그럼에도 불구하고 금촌교회는 조용하면서도 꾸준히 신앙공동체의 면면을 이어갔다. 그런 가운데 1942년 남천용 장로가 장립이 되면서 장로교회 조직의 기본요건인 당회를 갖출 수 있게 되었다. 설립된 지 35년만이 이뤄진 경사스러운 일이었다. 이어 오남하 권사가 추대되며 평신도들의 역할이 점점 성장하게 되는 모습을 갖추기 시작했다. 1943년에는 강병천 전도사가 부임하여 목회했다. 그러나 일제 말기라는 우리 민족의 역사적 특수성으로 인해 이 시기 금촌교회는 많은 어려움을 겪을 수밖에 없었다. 그럼에도 금촌교회 교인들은 꿋꿋하게 신앙을 이어나갔다.

결국 1945년 일제로부터 해방을 맞이하여 금촌교회는 다시 일어설 수 있는 기회를 맞게 되었다. 특히 이듬해인 1946년에는 김홍식 목사가 부임했는데, 금촌교회 역사상 첫 번째로 부임한 목사였다. 그러나 금촌에서의 그의 사역도 그리 오래 가지 못했다. 2년이 지난 1948년, 새로운 교역자가 부임해 왔다. 1948년 장로회신학교를 막 졸업한 신참내기 김준곤 전도사였다. 그는 훗날 한국대학생선교회(CCC)를 창설하고 대학생 선교를 기반으로 민족복음화운동과 세계복음화운동을 주도했던 인물이기도 했다. 김준곤 전도사 개인적으로 금촌교회는 첫 번째 사역지이기도 했다. 그러나 전해내려오는 말에 의하면 당시 김준곤 전도사는 미국 유학의 꿈을 갖고 있었기 때문에 금촌교회를 잠시 거쳐가는 과정이라 생각했다고 한다. 따라서 그가 금촌교회에서 시무한 기간도 그리 길지 못했다. 김준곤 전도사의 뒤를 이어 1930년대 전도사로 금촌교회에서 시무한 적이 있었던 차경성 목사가 1950년 금촌교회에 다시 부임했다. 이번에는 전도사가 아닌 목사 안수를 받은 신분이었다. 그러나 한국전쟁으로 인해 차경성 목사의 목회는 어려운 점이 많았다.

한국전쟁이 휴전되고, 전후복구에 전념하던 1955년 1월 25일, 금촌교회는 금촌2리 334번지, 407평 대지 위에 연건평 54평의 예배당을 신축하고 헌당예배를 드렸다. 이후 이면호 장로와 김백열 장로가 각각 1957년과 1961년 장립되면서, 탄탄한 평신도 지도력을 갖추게 되었다. 한편 1966년 한영식 목사가 부임한 이후 정효근, 윤성대, 박봉옥, 최대석, 추진규, 김형직, 강영진, 유종철, 강흥준 목사 등이 시무하며 금촌교회와 지역 복음화를 위해 힘썼다.

한편 교회 창립 100주년을 앞두고 교회의 미래와 비전을 한층 분명히 드러내기 위하여 교회이름을 '비저니아'(Visionia)로 변경하였다. 영어 비전(Vision)과 라틴어 'ia' 즉, 땅(land)의 합성어로 '비전의 땅'이란 의미였다. 이처럼 교회 명칭을 변경하고 2007년 3월 17일, 온 교우가 함께 교회 창립 100주년 기념 예배로 드렸다. 그러나 5년 뒤인 2012년 다시 교회이름을 옛 명칭인 '금촌교회'로 변경했고, 2018년 양승대 목사가 부임하면서 오늘에 이르고 있다.

금촌교회 유년주일학교

4. 하나님 안에서, 하나님과 함께, 하나님이 이루시고 세우시는 교회

앞서도 살펴보았지만, 1907년 3월, 금촌교회가 파주 금촌에 설립된 이후 급격한 성장과 발전을 이루었다고 말하기는 어렵다. 게다가 일제 강점기와 한국전쟁 등 한국의 근현대사를 거치며 언더우드 선교사와 직접적으로 관련한 자료와 유물을 보관하고 있지도 않다. 그러한 이유로 언더우드 선교사의 정신적 가치와 유산을 오늘날 금촌교회에서 찾기란 쉽지 않은 일이다. 그럼에도 불구하고 금촌교회에는 언더우드 선교사가 남긴 손길과 그 정신적 가치를 일말 찾아볼 수 있다. 이와 관련하여 2018년 금촌교회에 부임한 양승대 목사는 자신의 목회비전을 아래와 같이 세 가지로 정리하고 있다.

> 첫 번째, 더욱 복음의 본질로 돌아가는 것입니다.
> 두 번째, 예수님과 함께 하도록 훈련하는 것입니다.
> 세 번째, 건강한 사역을 하도록 훈련하는 것입니다.
> (금촌교회 홈페이지)

위 문구 가운데 언더우드 선교사와 관련된 직접적 언급은 없다. 그러나 위의 세 가지 목회비전은 언더우드 선교사의 선교적 유산과 크게 다르지 않다. 무엇보다 19세기 말, 내한한 언더우드 선교사는 복음의 본질을 우리 민족에게 전해주고자 힘썼다. 그리고 그의 선교사역은 인간의 힘으로 이뤄낸 것이 아닌 그리스도를 절대 신뢰하는 신앙으로 이루어진 결과였다. 또한 언더우드 선교사는 각지에 복음을 전하며 세운 신앙공동체와 그 구성원들의 심신이 그 누구보다도 건강하길 소망했다. 이러한 점을 종합하여 상기해 볼 때 언더우드 선교사가 1907년에 뿌린 복음의 씨앗은 오늘날 금촌교회를 통해 생생히 살아 숨쉬고 있음을 깨닫게 된다.

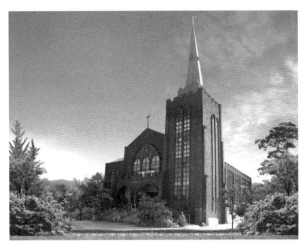
금촌교회 전경

참고문헌

1. 금촌교회 홈페이지. http://www.gpc1907.or.kr.

2. 『한국민족문화대백과사전』 (인터넷 홈페이지). https://encykorea.aks.ac.kr.

3. 「기독일보」 (인터넷 홈페이지). https://kr.christianitydaily.com.

4. 차재명 편, 『조선예수교장로회사기(상)』. 조선기독교창문사, 1928.

5. 『원두우, 그 섭리의 발자취』. 새문안교회, 2007.

김포중앙교회/김포제일교회

김포중앙교회: 경기도 김포시 북변중로 25번길 11-9, 대한예수교장로회(통합)

김제제일교회: 경기도 김포시 중구로 99, 대한예수교장로회(합동)

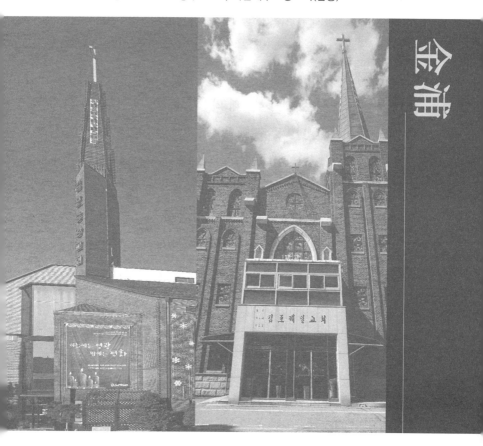

1. 개울이 있던 마을, 걸포리

김포의 옛 이름은 검포(儉浦)로 알려져 있다. 이 "검(儉)" 이란 단어는 단군왕검의 "검"과 같은 단어로서 매우 신성한 땅을 의미하는 것이었다. 이러한 검포가 처음으로 역사 속에 등장한 것은 삼국사기에 기록된 검 포현이었다. 이 검포현이 통일신라 경덕왕 때 행정구역이 새롭게 개편 되면서 김포현으로 바뀌게 되었다. 이러한 역사로 김포는 경기도 내에 서 가장 역사가 오래된 지명으로 역사에 등장하게 되었다.

이 김포에 처음으로 복음의 씨앗이 자리잡게 되었던 곳은 바로 걸포리 였다. 이 걸포의 옛날 이름은 "거래"와 "포"가 합쳐진 말로 "걸"은 개천 혹은 개울을 뜻하는 말이었다. 이 "걸"에 수많은 수많은 사람들이 몰려 드는 포구인 "포"가 만나 걸포가 되었다고 전해진다. 사람들이 많이 모 이니 자연스럽게 마을이 만들어지고, 이 마을을 중심으로 교통이 발전 되며 문화적인 도약이 이루어진 곳이기도 한다. 이러한 곳에 언더우드 를 비롯한 초기 선교사들이 전한 복음의 씨앗이 심겨져 발아하는 것은 어찌보면 당연한 것이라고 할 수 있다.

2. 새로운 교회 확장의 중심지, 경기 김포읍교회의 시작

개신교가 조선 땅에 들어와 복음의 지경이 넓어지던 구한말 시기 개 신교가 가장 크게 부흥했던 곳은 서북지역, 즉 평안도와 함경도 지역이었다. 서북지역과 비교하여 서울 경기지역은 기득권을 가진 두터운 양반층의 보수적 경향이 다분했으며 개종의 동기 또한 서북지역의 신앙에 대한 열망보다는 개화를 통한 부국강병이 동기로 작동하였다. 그러한 연유로 알렌은 철저하게 복음전도 활동을 지양하고 의료를 통해 조선인들의 마음을 열기 위해 노력했다. 반면 언더우드는 알렌과는 달리 제중원에서의 서양 학문을 가르치는 일과 더불어 짬짬이 시간을 내 복음을 전하기 시작했고, 1886년 노춘경에게 최초로 세례를 베풀게 되었다.

언더우드는 이제 복음의 지경을 서울 경기권으로 확장해 나가기를 원했다. 그래서 그는 1894년 경기도 고양군, 김포군 등으로 전도여행을 떠나거나 조사들을 보내 교회의 설립을 보조하도록 하였다. 이러한 언더우드의 열정과 노력으로 김포 지역에도 최초의 교회가 생기게 되니 그 교회가 걸포리에 세워진 김포읍교회였다.

김포읍교회는 공식적으로 1894년 설립되었다. 하지만 『조선예수교장로회사기(상)』를 보면 김포읍교회는 1897년에 성립되었다고 기록되어 있다. 사기의 본문은 다음과 같다.

(1897년) 김포읍교회가 성립하다. 이전에 고양군 세교교회 고군보와 그 부인 박살라미가 이곳에 도달하여 열심히 전도함으로 우리 읍 사람인 천덕현, 이봉춘과 걸포리인 유공선, 박성삼, 황춘근, 유중근이 믿기 시작하고 유공선의 개인 집에 모여서 예배드리더니

지금에 이르러 신자가 날마다 더하여 삼백여 명에 달하였다.
모두가 한마음으로 협력하여 우리 읍 서리(西里)에 십육 간
가옥을 매수하여 예배당으로 사용하니 당시 조사는 홍성화(후에
타락함)였다(39-40).

하지만 같은 사기의 26쪽에는 김포지역의 교회 개척에 대해 다음과
같은 서술이 적혀져 있다. "1894년...언더우드는 전도의 방침을 확장하
여 서상륜, 김홍경, 박태선, 유흥렬 등으로 경성 근방을 전도하게 하고
신화순, 도정희, 이춘경 등으로 고양 김포 등지에 전도케 하니 동시에
교회가 4.5 곳 신설되고..." 앞에서 서술된 바와 같이 공식적인 교회 설
립이 1897년으로 사기에 기록되었지만, 역사적 정황과 사기의 다른 기
록으로 유추해볼 때 김포읍교회는 1894년 이춘경 등의 노력으로 미조
직교회로 성립되었음을 유추해볼 수 있는 것이다.

김포에 새로 모인 기독교공동체는 걸포리의 유공선의 집에서 예배를
드리기 시작하였고 점차 신도들의 숫자가 300명으로 늘어나게 되면서
더 넓은 예배공간이 필요하게 되었다. 이에 이 성도들은 걸포리에 16칸
의 가옥을 매입하여 예배당으로 사용하였고, 이와 더불어 언더우드 선
교사가 당회장으로 취임하면서 조직교회의 면모를 갖추어나가기 시작
하였다. 그리고 1905년 3월에는 언더우드 선교사가 북변동에 3500평
의 토지를 기증하고, 성도들이 700원을 모금하여 33평의 예배당, 15평
의 목사관, 12평의 교육관을 건축하게 된다. 이제 명실상부한 경기지역

에 대표 교회로 자리매김하게 되었다.

　김포읍교회는 양적인 성장과 더불어 당회의 내실을 다져나가기 시작했는데, 1912년 이춘경, 김원근을 장로로 피택할 것을 요청한 것이다. 이 두 사람 중 이춘경만이 초대 장로로 장립되어 비로소 언더우드를 당회장으로 하는 당회를 구성할 수 있었다.

　교회가 조직교회로 성장하고 탄탄한 교세를 이루게 되자 김포읍 교회는 다음 세대를 위한 교육 선교를 시작하게 된다. 『조선예수교장로회사기(상)』 176쪽에 보면 김포읍교회는 1914년 신명(新明)학교를 설립하였음을 볼 수 있다. 물론 이 학교는 일제 시대 억압적인 교육 정책으로 인해 그 명백을 이어가진 못했다. 다음 세대를 위한 교육, 그리고 민족의 아픔을 짊어졌던 김포읍교회는 1919년 3.1 운동 시기 양촌면 오라니 장터 만세운동과 월곶면 군하리 장터 만세운동에도 적극적으로 참여하였다.

　1910년 한일강제병합이 있은 후 조선 선교는 그야말로 엄혹한 시대를 맞이하게 된다. 장로교, 감리교 구분 없이 선교의 정체기를 맞게 되면서 교세가 위축되었고, 성도들의 자발적인 헌신에 의한 헌금의 액수 또한 급격히 줄어들게 되었다. 설상가상으로 김포읍교회는 언더우드의 죽음으로 인해 목자가 없는 상태가 당분간 지속되면서 300명이 넘었던 교세는 200명이 채 안되는 위기의 시대를 맞게 된다.

3. 폭풍을 넘어

1920년이 들어서면서 각 교단의 선교가 안정기에 들어서는 것과 같은 맥락에서 김포읍교회도 새로운 목자인 김홍식 목사를 당회장으로 임명하며 분위기를 쇄신하고자 했다. 하지만 1920년대 전반에도 3.1운동의 여파로 인해 일제가 교회를 적대화하기 시작하면서 큰 위기가 이어지고 있었다. 김포읍교회 또한 수많은 신도들이 일제의 핍박으로 교회를 떠나기 시작했는데, 1922년 97명이었던 세례교인의 수는 1924년 43명으로 급감하게 된다. 이는 일제 강점기 하에서 농촌 지역의 경제적 위기로 인한 급격한 인구의 감소를 반영하였음이 분명하였다.

이러한 위기의 시대에 김포읍교회는 "나누어주는 교회"로 정체성을 새롭게 갖고 다른 지역교회들과 이웃들에게 사랑의 나눔을 실천하였다. 이러한 사랑의 씨앗은 지역교회, 특히 경기노회의 조직과 발전에 기여하였고, 김포읍교회는 관할 조정에 의해 더 넓은 지역을 섬겨야 하는 책임을 안게 되었다. 그리하여 김포읍교회는 인근 각처에 열정적으로 전도활동을 전개했고, 특히 서울과 청주 사이에 있던 작은 읍내를 중심으로 선교 활동에 최선을 다하였다.

1926년 김포읍교회는 1월 11일부터 일주일동안 부흥회를 개최하였는데, 이 부흥회의 강사는 바로 김익두 목사였다. 이 부흥회 기간 동안 새벽기도에는 80명이, 낮 성경공부에는 1백명이, 그리고 저녁 설교에는 2백 5십명이 운집한 집회가 이어졌다. 이 집회에는 수많은 사람이 십일조와 주일헌금을 작정했고, 새롭게 믿기로 한 사람의 숫자가 51명이라고 기독신보는 전하고 있다.

김포읍교회의 열정적인 복음전도의 활동은 교회의 부흥으로 연결되었다. 1928년 노회 보고 자료에 의하면 김포읍교회의 세례교인은 70명이었다. 물론 조직교회로 체계화되어가는 와중에 당회에 의해 20명에 육박한 교인들이 치리를 당하기도 하였다. 그럼에도 김포읍교회는 1930년 말에 교세가 320명으로 기록되어 있으며 새로운 장로와 집사, 그리고 영수의 장립을 통해 일제의 식민지의 도전 가운데에서도 교회를 지키기 위해 최선을 다했다.

1940년 김사필 목사가 초대 위임목사로 취임한 지 2년이 지난 후 새문안교회 출신의 차재명 목사가 2대 위임목사가 되어 기본적인 신앙의 성숙과 교회 조직의 체계화를 이룩해내기 시작하였다. 그는 교인들의 거주지를 따라 구역을 나누어 장로들에게 구역을 돌보게 함으로서 고난의 시기 교인들의 이탈을 최소화하도록 하였다. 해방 후 1948년에는 김원형 목사가 위임되어 예배당 또한 30평의 적벽돌 건물로 증축하게 된다.

김포읍교회 1942년 사경회기념사진(김포중앙교회 제공)

4. 한 뿌리 두 개의 튼튼한 가지

한국전쟁의 고난 가운데에서도 일치된 신앙을 지켰던 김포읍교회는 전후 이어지는 교단의 분열과정에서 합동과 통합의 두 길로 나누어지게 된다. 1960년대 초반 한국 장로교회는 에큐메니컬 운동에 참여하느냐의 논쟁으로 통합과 합동으로 나누어지게 되는데 에큐메니컬의 일치운동을 지향하는 교인들이 김영일 장로 처소에서 따로 예배를 드리게 된 것이다. 이 때가 1962년 3월 18일이었다. 이 공동체는 이듬해 김포읍 북변리 288-10번지에 서른 여 칸의 예배 처소를 마련할 수 있었다. 그리고 통합측 김포읍교회는 1974년 4월에 김포중앙교회로 교회명을 바꾸고 1988년에는 김포중앙유치원을 개원하며 지역을 섬기는 교회로 자리매김하게 된다. 그리고 1989년에는 세계여행이 전면 자유화되자마자 허인회 선교사를 파송하며 세계에 복음을 전하는 선교사역에도 동참하게 되었다. 이제 김포시에 신도시가 들어서게 되자 교인 수가 급격히 늘어나며 지역선교가 더욱 더 활성화되었고, 중앙문화원을 개원하여 지역사회에 건강한 문화를 전파하며 많은 호응을 얻고 있다.

또 다른 가지인 합동측 김포읍교회는 계속된 성장 가운데 1980년 연건평 266평의 본당을 헌당한다. 그리고 1982년에 동산 유치원을 개원하고 1989년에는 300평에 달하는 교육관을 기공하여 1990년에 봉헌하였다. 1994년에는 합동측 남서울노회에 교회명을 김포제일교회로 변경 신고하게 되었다. 김포제일교회는 2000년이 들어서자 전도에 매진하면서 수요전도와 새상명전도대회를 실시하게 되었고, 교회의 지경을 지역사회로 넓히면서 목요아카데미, 행복원, 사역원, 문화센터 사역을 시작하였다. 뿐만 아니라 "우물가 찻집"을 열어 지역 주민들의 쉼터로 제공하고 있다.

김포제일교회는 이어 국제화에 걸맞게 외국인 예배와 해외선교활동을 전개하였고 2003년 일본에 선교사를 파송하며 한국을 넘어 세계를 섬기는 교회로 거듭나게 된다. 이제 이 김포제일교회는 언더우드의 정신을 이어 반석위에 세워져가는 교회를 목표로 교인들로 하여금 예수의 복음의 증인으로 살도록 하자고 선언하고 있다.

김포중앙교회와 김포제일교회는 김포읍교회라는 한 뿌리에서 성장한 건강한 두 개의 가지로 지역사회를 넘어 한반도와 전 세계에 복음의 씨앗을 전하고 있다. 김포라는 평야지대에서 생산된 쌀이 한강포구를 통해 한반도 전역에 삶의 식량을 보급하고 있듯이, 이 두 가지에서 피어난 꽃과 열매는 한반도와 세계에 복음의 열매를 전파하고 있는 것이다. 140여년 전 언더우드 선교사가 제물포를 통해 한반도에 발을 딛고 얼마 되지 않아 김포지역에 복음을 전하기 위해 분주하게 움직였던 그 모습을 이 두 교회를 통해 다시 한 번 확인할 수 있었다.

참고문헌

1. 권평, 『김포중앙교회 111년사』. 김포중앙교회, 2007.

2. "김포읍교회부흥회 신신자 51인." 「기독신보」, 1926년 2월 3일.

3. "김포의 역사와 연혁." 김포문화관광. https://www.gimpo.go.kr/culture/contents.do?key=6847

4. 차재명 편, 『조선예수교장로회사기(상)』 조선기독교창문사, 1928.

김포중앙교회(위), 김포제일교회(아래)

누산교회

경기도 김포시 양촌면 누산리 625-1, 대한예수교장로회(통합)

1. 김포의 중심에서 선포된 복음

김포는 한반도의 중서부에, 경기도 북서부 해안가에 있다. 서쪽으로는 바다에, 동쪽으로는 한강에 둘러싸인 김포는 반도 모양을 하고 있다. 강과 바다를 끼고 있고 하천도 많았기에 퇴적 토양을 이룬 김포의 땅은 기름지고 부드러워서 벼농사가 발달했었다. 김포는 우리나라 최초의 벼 재배지 중의 한 곳이다. 현재의 김포시 통진읍 가현리에서 발견한 탄현미는 지금으로부터 약 5,000년 전에 발생한 것으로 추정한다. 오천 년 전에 이 땅에서 벼농사를 지었다는 것이다. 밀다리쌀로도 알려진 자광미(紫光米), 통진미는 임금님의 수라상에 올랐던 진상미(進上米)였다. 김포는 2000년을 전후한 신도시 개발로 평야를 많이 잃기는 했지만, 김포 중북부에 해당하는 과거의 통진지역에서는 여전히 양질의 쌀을 생산하고 있다.

비옥한 토양과 강과 바다를 끼고 있는 지형은 김포를 지리상 전략의 요충지로 만들기도 했다. 풍요로움이 보장된 데다가 대외항로의 요충지인 김포는 삼국시대부터 이 땅의 주인이 되고자 하는 전쟁이 지속된 열망의 땅이었다. 19세기 이후에 크고 작은 이양선의 출현에 더하여 두 번의 양요를 겪은 강화와 김포는 외세의 침입에 대항하여 도성을 지키는 수문의 역할도 하였다.

이러한 김포의 중심에 위치한 지역이 바로 양촌읍(陽村邑)이었다. 양촌읍의 남동쪽에는 필봉산이, 중앙엔 학운산이 위치해있으며 그 외 지역은 대부분이 평지에 가까운 편이다. 양촌읍을 둘러 석모천이 누산개산지를 지나 한강으로 흘러들며 기름진 토지와 발달된 수리시설을 바탕으로 김포평야의 중심지가 되었다. 누산리는 바로 이 양촌읍에 속한 작은 마을이었다.

2. 누산리교회의 시작

언더우드 선교사는 새문안교회의 설립 이후 서울 경기지역을 중심으로 전도활동을 활발하게 전개하며 지교회들을 설립하기 시작하였다. 그리고 언더우드가 파송한 전도인 신화순과 이춘경의 전도로 홍여정, 전성현, 전성순 등이 믿고 교회가 설립되기에 이른다. 이러한 누산리 교회의 시작을 조선예수교장로회사기에는 다음과 같이 기록하고 있다.

> 1904년에 김포군 누산리교회와 시흥읍교회가 성립하다. 누산리교회의 시작은 전도인 신화순, 이춘경의 전도로 홍여정, 전성현, 전성순 등이 믿고 점차 교회가 성립하였다(『조선예수교장로회사기(상)』, 111).

이후 이성문, 안득환, 홍용표, 오중근 네 명이 예수를 믿게 되었고 이들이 몇 명의 이웃들을 초대하여 십여명이 모여 예배를 드리기 시작하였다. 이때가 1904년 3월 12일의 일로 이들은 이성문의 처소에 모여 창립예배를 드린다. 이렇게 누산리교회가 시작된 것이다. 그리고 이후 누산교회는 1911년 4월 원산동에 초가 한 채를 구입하여 교회 처소로 삼고 1915년 4월에는 배진성 목사를 1대 위임목사로 임명하였다. 그리고 그의 지도하에 새로운 예배당 신축을 위한 위원회를 구성하게 되었고, 기도와 헌신을 통해 1915년에 여섯 칸짜리 초가로 된 예배당을 헌당할 수 있었다.

누산교회 최초 예배당 6칸 세움(1915년 4월경)

3. 일제의 압박 가운데 더욱 성장한 교회

1922년에 이제 막 신학교를 졸업한 김홍식 목사가 김포읍교회, 누산리교회, 송마리교회, 군하리교회 등을 순회목회를 하며 일제 강점기 어려움에 빠진 교회를 돌보게 했지만 1930년 경 교회의 세례교인은 10

여 명으로 크게 줄어들고 있었다. 하지만 누산리교회는 절망적인 상황을 기도와 복음의 힘으로 극복하고자 노력했으며 영등포교회의 배진성 목사를 청한 사경회에서는 50-60명의 참석인원이 결신하는 열매를 얻게 되었다. 그리고 1931년부터는 김포읍교회, 누산리교회, 송마리교회가 연합하여 김사필 목사를 순회목사로 청빙하였다.

교인들의 헌신과 전도자들의 복음전도 활동으로 인해 교회가 부흥하게 되면서 기존에 사용하던 여섯 칸 초가가 비좁은 상황이 일어나게 되었다. 이에 교회는 홍성표의 소유의 빈집인 열 칸 초가집을 예배장소로 사용하기 시작했다. 그리고 1935년 5월에 교회는 12칸의 초가 목조를 신축하여 교회를 확장하고 평신도들을 훈련하여 교인들을 돌보는 지도자로 양성해나갔다. 이들의 활약으로 출석인원이 70-80 여명으로 성장할 수 있었다.

엄혹한 일제의 핍박과 감시 속에서도 누산리교회가 이렇게 성장할 수 있었던 배경에는 신앙을 수호하고 불의에 항거하고자 했던 누산리교회 성도들의 결연한 의지가 있었다. 특히 박충서와 박승각은 종로 파고다의 3.1 만세운동에 적극적으로 참여하였고, 이후에는 김포 양촌면의 만세운동을 주도한 이유로 일본 경찰에게 검거되어 옥고를 치루기도 하였다. 이 중 박승각은 1939년 누산리교회 2대 장로로 장립되었고 그의 불굴의 신앙은 다른 누산리교회 교인들에게 큰 귀감이 되기도 하였다. 일제로부터 해방되면서 누산리교회는 다시 성도들의 찬송과 기도 소리가 더욱 크게 울리기 시작할 정도로 부흥하게 되었고, 이 중 일부의 성도들이 양곡시장에서 새로운 신앙공동체를 설립하기에 이른다. 이 양곡교회는 1948년 기도처로 분리되었고 이후에도 지역의 복음화를 위해 노력하였다.

1959년 헌당한 누산교회 예배당(누산교회 제공)

한국전쟁 이후 1955년 3월 이삼성 목사의 부임 후 새 예배당을 건축하기로 결의하고 건축 자재를 구입하여 건축을 준비하기 시작하였다. 그리고 이를 위해 사경회를 통해 기도와 헌신으로 건축을 준비해나갔다. 1959년 4월에 드디어 30평 예배당을 준공하여 감사로 헌당하였다. 1970년대 한국 교회는 그야말로 부흥의 시대를 맞이하게 되었다. 1973년 빌리 그레이엄 전도집회, 엑스플로, 100주년 기념대회를 통해 성령운동과 교회 성장을 이룩해나갔다. 오순절 교회들의 성장, 다양한 교단의 등장과 부흥의 시기 기운데서도 누산리교회는 대한예수교 장로회 통합 교단으로 남기로 결정하였다. 1972년 부임한 윤태운 목사는 이러한 시기 심방을 통한 목회에 전념하여 교회의 내실을 다져나갔고 1988년에는 35평의 대지를 매입하여 다음 세대를 위한 교육관 건립을 준비하게 된다.

4. 120주년을 맞이한 누산교회

신도시가 들어선 김포시는 명실상부 경기도에서 가장 큰 행정구역 중 하나이지만 동과 서의 인구불균형이 심화되고 있는 상황이다. 양촌읍은 이 동서의 중간지역에 위치하고 있고 도심으로의 접근성이 좋아 나름대로 거주 인구의 감소가 적은 편에 속하고 있다. 그럼에도 양촌읍은 농촌 지역의 특성상 젊은 인구들 보다는 노령인구가 많으며 외국인들의 유입이 증가하고 있는 상황이다.

새로운 세기를 시작한 누산교회는 지역적 상황을 고려하여 의료봉사, 독거노인 돌봄, 그리고 빈곤가정을 돌보는 구제사역을 집중적으로 전개하고 있다. 또한 다음 세대를 위한 교회교육 뿐만 아니라 교회 공동체성을 유지하기 위한 다양한 프로그램을 실행하고 있다. 그리고 110주년이 되었던 2004년에는 경기 서노회 주관으로 역사 기념비를 제막했고, 이를 통해 과거의 전통을 기반으로 새로운 세기를 시작하겠다는 다짐을 하게 되었다.

언더우드는 1904년 세브란스의 기부로 새로운 건물의 세브란스 병원을 시작하는 와중에서도, 그리고 러일전쟁과 일제의 침탈이 본격화되던 엄혹한 시절 가운데서도 복음을 전하는 일에 결코 소홀히 하지 않았다. 직접 복음을 전하기 위해 선교여행을 다녔고, 여의치 않으면 전도인들을 보내 신앙공동체를 세우며 복음으로 민족이 역경을 이겨낼 수 있는 길을 스스로 찾기를 소망했다. 그리고 김포 양촌읍 누산리에 누산리교회가 세워지게 된 것이다. 언더우드의 바램처럼 누산리교회는 어두움 가운데서 복음으로 빛을 찾아갔고, 일제에 저항했으며, 도시화가 진행되는 와중에서도 부흥을 위한 노력을 포기하지 않았음을 누산의 역사가 증언하고 있다.

참고문헌

1. 누산교회. 『은혜와 영광의 길 누산교회: 사진으로 보는 누산교회 110년사』. 누산교회, 2014.

2. 한국기독교역사연구소 편. 『조선예수교장로회사기(상), (하)』. 한국기독교역사연구소, 2000.

3. 한국학자료통합 플랫폼. "김포시." https://encykorea.aks.ac.kr/Article/ E0010898

누산교회 전경

능곡교회

경기도 고양시 덕양구 토당로 104번길 33-12, 한국기독교장로회

1. 죽음을 위한 능의 터에서 삶을 위한 복음의 터로

능곡교회가 위치한 능곡은 농골이라고 불리던 지역의 이름에서 따온 지명이다. 이 능골이라는 지명은 조선 제5대 왕인 문종의 비인 현덕왕후의 묘를 쓰려다가 그 지역이 협소하여 능으로 쓰지 못한 이후부터 능터를 잡았던 곳이라 해서 능곡리라고 불리게 되었다고 『시흥군지』에 기록되어 있다. 게다가 이곳에는 광해군의 장인 류자신의 묘가 위치하고 있어서 조선왕조에서 능터로 고려할 정도로 풍수가 뛰어났던 곳이라고 볼 수 있다. 이 능곡동에는 원래 네 마을이 위치하고 있었는데, 이 마을들의 이름은 토당리, 대장리, 내곡리, 그리고 신평리였다.

이후 일제 강점기에 이곳에 경의선이 만들어지게 되고 능곡역이 생기게 되면서 나름 물자와 인구의 이동이 번성한 곳으로 탈바꿈하게 되었다. 한강의 범람을 막기 위한 제방이 건설되고 상가가 만들어지며, 학교가 들어서게 되면서 이 능곡동은 고양 지역의 중심 마을이 되어가고 있었다. 1990년대 후반부터 새로운 아파트가 들어서게 되고 주변으로 신도시들이 개발되기 시작하면서 능곡동의 인구도 증가하게 되어 2022년 조사에 의하면 총 1만 5천명의 주민이 거주하고 있다.

과거 왕가의 능의 터로 낙점되었던 이 땅이 언더우드와 그의 조사를 드리고 복음을 받아들이고 이 빛을 지역에 전하고자 했던 초기의 조선 기독교인에 의해 삶을 전파하는 복음의 터전이 되었다.

2. 한강 이북 지역의 복음전도와 능곡교회의 시작

지도를 보면 이 능곡의 주변으로는 현재 일산시와 같은 고양시의 행주동, 행신동, 화정동, 주교동에 인접하여 있다. 그리고 이 고양시를 중심으로 한 경기 북부지역은 언더우드가 조선에서의 선교를 시작하며 새문안교회를 설립한 이후 집중적인 선교 대상지역으로 자리매김하게 된다. 『조선예수교장로회사기』를 보면 1894년 언더우드는 서상륜, 김홍경, 박태선, 유홍렬 조사 등으로 하여금 경기도 지역에서의 전도활동을 하게 했다고 기록되어 있다. 이에 신화순, 도정희, 이춘경 등이 고양과 김포 등지에서 활발한 전도활동을 하게 되어 수 개의 교회들이 설립되었다고 적혀있다.

언더우드 본인은 1890년에 이르기까지 세 번의 전도여행을 가지게 되는데 이 선교여행의 주요 목적지는 바로 서북지역이었다. 선교예양의 합의로 인해 북장로교 선교가 가능했던 황해도, 평안도 등에 집중적인 선교활동을 하게 되었고 언더우드의 선교여행의 여정은 고양군을 통과하게 되어 있었다. 서양사람이 배에 오르내리는 장면, 길을 걸어가거나 말을 타고 가는 장면들은 당시의 조선의 시골 사람들에게는 매우 낯선 광경일 것이다. 이 서양 사람이 외치는 어설픈 한국어 설교들은 그럼에도 몇몇 사람들이 가슴을 울리기에 충분했다. 그리고 그 열매는 행주교회에서 시작되었다. 연규홍과 언더우드 부인의 기록에 의하면 이 행주교회는 1896년 도정희와 신화순 두 사람의 복음전도 활동으로 설립되었음을 볼 수 있다. 하지만 능곡교회 창립 90년사에는 교회 설립 연도를 1890년도로 기록하고 있는데, 다양한 사료들을 종합적으로 살펴볼 때, 10여명의 성도들이 미조직 교회의 형태로 예배를 드리고 있는 상황에서 신화순과 도정희의 역할로 인해 이후 정식으로 교회를 조직하고 예배를 드렸음을 볼 수 있다. 즉 행주교회에서 10여명의 교인들이 자생적으로 예배를 드리기 시작하면서 바로 옆에 위치한 능곡동에도 복음의 씨앗이 전해지기 시작하였다.

그리고 능곡은 행주와 인접하여 있으며 각 지역의 거주지에서 거주지까지의 거리가 5리에 불과할 정도로 같은 생활권에 위치하고 있다고 볼 수 있다. 또한 인접지역이기에 많은 주민들이 친인척 사이였고, 서로간의 교류도 굉장히 활발하게 이루어졌다고 주민들은 기억하고 있다. 행주교회가 설립되고 얼마 되지 않아 능곡에 거주하던 기독교인들도 교회를 세우기를 간절히 소망하게 되었다. 이들은 이기석의 거처를 임시 기도처로 삼고 기도의 말씀전도에 열심을 내었다. 하지만 믿는 자들의 수가 늘어나 언제까지 이기석의 거처에서 모일 수 없어 네 명의 대표자를 선출하여 교회 설립을 일임하기에 이른다. 그리고 이 네 명은 정동에 있던 언더우드 선교사를 방문하여 교회의 설립과 동시에 주일 예배를 인도해줄 것을 청원하였다. 이때가 1893년이었다.

교회가 세워지니 자연적으로 새로운 삶의 소망을 갈급하였던 지역의 주민들이 교회로 몰려들기 시작하였다. 언더우드는 서울 스테이션에서의 선교 사업이 확장되어 나가면서 능곡교회를 직접적으로 돌보는 일이 불가능해짐에 따라 이를 이춘경 조사에게 맡기게 된다. 1894년부터 이 능곡교회를 시무하게 된 이춘경 조사는 능곡교회 외에도 여러 교회들의 설립과 선교 사역에 매진하게 되었고, 사역의 공백이 생기자 언더우드는 다시 직접 능곡교회를 돌보게 되었고 사역을 보조할 수 있는 네 명의 집사를 세우게 되었다. 이 때 세워진 네 명의 집사는 박운삼, 이기석, 신용환, 하순철 등이었다. 이들은 서울에서의 사역에 분주했던 언더우드를 대신하여 지역의 교인들을 권면하고 지역을 위해 봉사하며 능곡교회가 토착교회로서 자리매김할 수 있도록 최선을 다하였다.

그리고 언더우드는 1895년 가을에 행주교회와 능곡교회를 방문하여 신자들에게 세례를 베풀고 113명에 달하는 세례후보자들을 교육했다. 교회 설립 2년여 만에 이루어진 놀라운 기적과 같은 일이었다.

3. 지역의 발전과 교회의 성장

1895년 언더우드가 능곡교회를 방문하여 세례를 베푼 한 해 뒤, 1896년은 능곡교회의 최초의 예배당이 건축된 해로 기록되었다. 네 명의 집사들과 여러 교인들의 헌신으로 인해 1896년 토당리 64번지에 초가 10간의 교회당을 건축할 수 있었다. 그리고 새문안교회에서 사역하고 있었던 송순명 조사를 교회 설립과 동시에 능곡교회로 파송하였다.

이후 도정희 조사, 이용석 조사, 신화순 조사, 박용희 조사, 홍성서 조사, 김영한 조사 등을 거쳐 1918년에는 1대 신흥균 목사가 취임하게 된다.

일제에 의해 강제적으로 병합되었던 대한제국의 말로는 참으로 서글펐다. 누군가는 절망했고, 누군가는 자결로서 자신의 의를 세웠으며, 누군가는 후일을 위해 독립의 역량을 키워나갈 결심을 하였다. 그러한 민족 자강의 목적을 위해 능곡교회 또한 교회의 성장과 더불어 지역과 민족을 위한 공적 책임을 다하기 위해 노력했다. 그 대표적인 예가 바로 보명학교였다. 능곡교회는 제직회를 통해 보명학교 설립을 결의하고 초대 교장에 정야구를 임명하고, 교사는 유현경, 함원일을 임명하였다. 특히 유현경 선생의 경우 식민시대의 나라의 소중함과 더불어 민족으로서의 정체성을 심을 수 있는 교육에 전념하였다.

민족으로서의 정체성을 확립하고 일제의 압제에 저항하고자 했던 능곡리 주민들의 정신은 적극적인 3.1 운동에 참여로 확인할 수 있었다. 이들은 일본 헌병의 폭력과 협박에도 불고하고 만세 운동에 동참하여 독립의 열기를 고조시켰음을 여러 사료를 통해 확인할 수 있었다. 특히 3.1 운동 이후 세브란스에 입원한 피해자들을 면담했던 베시(Frederick. G. Vessy) 목사의 자료 의하면 토당리 지역 교회와 마을 사람들이 만세운동에 적극 참여했고, 일본 헌병의 검속에도 뜻을 꺾지 않고 않고 본인들이 이 운동에 참여했음을 시인했다고 한다.

3.1 운동 이후 일제의 압력 때문인지, 수 많은 피해자들에 대한 미안함 때문인지, 신흥균 목사는 1920년 3월에 사임하게 되고 2년간의 당회장 공백기를 거쳐 1922년 12월 말에 밀러 (Edward H. Miller, 1873-1966)) 목사가 당회장으로 시무를 시작하게 된다. 이어지는 일제의 핍박과 전쟁으로 인한 경제적 어려움에도 불구하고 능곡교회 교인들은 더욱 더 단합하여 시대의 역경에 대처해나갔다. 오히려 청년 면려회와 부인전도회의 활발한 활동을 통해 지역 사회에 헌신하며 시대의 아픔을 함께 지는 십자가 신앙의 표본을 보여주었다.

일제의 패망과 더불어 민족사에 새로운 장이 펼쳐지게 되었지만, 냉전시대라는 외적인 요인과 이념에 의한 내적인 분열로 한반도는 다시 격랑에 빠져들게 되었다. 이러한 때에 능곡교회는 1949년 11월 지역에서 가장 큰 규모의 예배당을 헌당하였지만 곧 한국전쟁이 발발하면서 어렵게 헌당한 교회 건물이 소실되고 마는 아픔을 겪게 된다. 전쟁이 끝난 후에 능곡교회 교인들은 구(舊)예배당을 임시 예배 처소로 사용하며 교회 재건에 박차를 가하게 되었다. 특히 전쟁 이후에 미국 교회의 지원을 받을 수 있게 되어 1955년 12월 1일 다시 새로운 예배당을 완공 봉헌하게 된다.

새로운 예배당을 헌당하던 시기, 한국 장로교회는 큰 분열의 시대를 맞고 있었다. 신학문의 성서비평 방법의 도입과 교회의 사회참여를 주장했던 김재준 목사가 장로교 총회에서 면직되면서 이제 신앙과 양심의 자유의 문제는 개인의 차원을 넘어서 교단 내 분열을 촉진하게 되었다. 이에 1954년 총회에서 "한국기독교장로회"가 출범하게 되었고, 능곡교회 또한 이 새로운 교단에 합류함으로서 새성전, 새교단의 역사를 시작하게 되었다.

새로운 한국기독교장로회의 사회참여의 신앙과 선교, 교육의 신앙지침에 발맞추어 능곡 교회 역시 지역사회에 대한 헌신과 다음 세대를 위한 교육에 더욱 더 박차를 가하게 되었다. 교회는 더욱 성장하여 1975년 11월 4번 째 새로운 예배당을 헌당하였고, 이후 3층으로 증축, 목사관 건축을 완료할 수 있었다. 그리고 지역교회의 성장뿐만 아니라 다섯 교회를 개척하여 민족의 복음화라는 시대적 사명을 충실히 감당해나갔다.

1955년 능곡교회 모습(능곡교회 제공)

4. 능곡교회의 현재 그리고 언더우드의 비전

1993년 능곡교회는 교회 역사의 새로운 세기를 시작하며 100주년 기념 예배당을 완공 봉헌하였다. 100주년 기념성전은 기도하는 손의 형상으로 외형을 만들고, 내부는 하나님의 인도하심을 상징하는 불과 구름기둥을 형상화한 두 기둥으로 장식했다. 100여년의 민족의 아픔 가운데에서 이 민족과 함께 하시는 하나님의 인도하심을 상징한 것이라고 볼 수 있다.

조선에 도착한 언더우드는 조선민족의 혼과 정신을 깨우기 위해 교육, 의료, 복음전도, 문서 배포 등 삶의 전 영역에 걸친 선교활동에 매진하였다. 이러한 언더우드의 선교 사역의 유산을 이어받은 능곡교회 또한 보명학교 설립과 더불어 지역사회를 섬기고자 했던 문화사역과 복지사역에 최선을 다하고 있음을 볼 수 있다.

특히 교회의 성도라는 정체성을 교회 안에만 한정하지 않은 제자도를 지향하고 있다. 즉 하나님 나라를 위해 헌신할 수 있는 제자들의 양육을 강조하며 봉사와 섬김, 전도와 선교의 사역에 매진하고 있다.

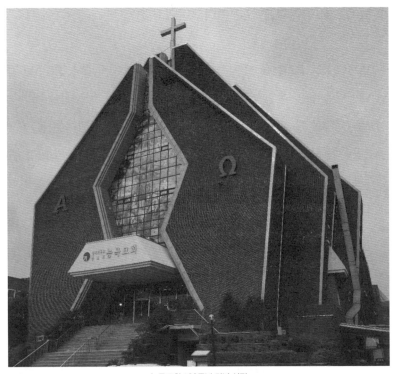

능곡교회 100주년 기념 성전

참고문헌

1. 연규홍. 『능곡교회120년사』. 능곡교회, 2014.

2. 이근복. "[교회를 그리며 교회를 그리워합니다] 두 손 모아 간절히 기도하는 교회, 능곡교회." 「새가정」, 2020년 12월.

3. "능곡동." 한국향토문화전자대전.

4. 한국기독교역사연구소 편. 『조선예수교장로회사기(상), (하)』. 서울: 한국기독교역사연구소, 2000.

대원교회

경기도 파주시 조리읍 닻고개길 64, 대한예수교장로회(합동)

1. 파주, 분단의 아픔이 서린 곳

대원교회가 위치한 파주시는 경기도 서북단, 북한과의 접경지역에 위치한 도시이다. 파주 주변으로 임진강과 한강이 흐르고 있고, 문산천, 남월천, 공릉천 등의 지류가 있어 서쪽으로 넓은 곡창지대가 위치하고 있다. 개성과 서울의 중간 정도에 위치하고 있고, 강과 하천이 흐르는 교통의 요지로서 광해군 시기에는 이의신(李懿信)이라는 인물에 의해 도성을 파주 교하로 천도하자(交河遷都論)는 의견이 개진되기도 하였다.

파주시의 주요 도로인 국도 1호선은 남북을 가르고 있어 통일로로 명명되었다. 즉 남북 분단의 상황에서 북한 개성을 넘어 평양까지 차를 타고 갈 수 있다는 비전을 품은 도로명이었다. 이렇게 파주는 남과 북을 잇는 서부 교통의 중심지였기에 역과 원이 많은 곳이었고 사람과 문물이 교통하는 길목의 역할을 했던 지역이었다. 이러한 파주에 언더우드를 통해 복음의 씨앗이 전파되는 것은 어찌보면 파주 지역의 특성상 당연한 과정이었다고 볼 수 있다.

2. 대원교회의 설립

언더우드는 1894년부터 신화순, 도정희, 이춘경 등을 고양, 김포지역으로 그리고 김흥경, 박태선, 유흥렬 등으로 하여금 경성 지역 주변에서 전도활동을 하도록 한다. 1900년 당시 죽원리 주민들은 서울의 서대문 영천으로 필요한 생필품을 구하러 갔다가 복음을 전파받은 이순호의 전도로 기도경, 임봉준, 배영윤, 김경재, 송석현, 송태근 등이 복음을 받아들이게 되었다. 이들은 1901년 3월 12일 마을의 한 농가에서 예배를 드림으로 죽원리교회, 즉 지금의 대원교회를 시작하게 되었다. 그리고 이들 중 임봉준이 1902년 선교사 노해리(Harry Andrew Rhodes, 1875-1965) 목사에게 세례를 받는다. 그리고 1904년 언더우드 선교사가 이 교회를 방문하여 부흥사경회를 인도하였고 신자들의 수는 50명으로 늘어나게 된다. 또한 초대 교인인 임봉준이 집사로 안수를 받게 되면서 지역의 교인들이 자립, 자치, 자전하는 토대를 마련해 나가기 시작하였다. 이때 『조선예수교장로회사기(상)』를 살펴보면 다음과 같이 파주군 죽원리교회의 창립 내용이 서술되어 있다.

파주군 죽원리교회가 성립하다. 먼저 선교사 원두우의 전도로 임봉준, 송흥식이 신종하여 교회가 설립되니라(150쪽).

죽원리 교회의 교인들의 수는 복음전도의 사역이 더디게 진행되었던 시대적 상황에서도 죽원리 주민의 절반을 차지할 정도로 교회에 대한 관심과 복음의 열정이 대단했음을 볼 수 있다. 1905년에는 20평의 목조로 된 초가로 예배당을 건축하고 최덕준 전도인을 초대 목회자로 청빙하게 된다. 3년여가 지난 1908년에는 언덕위에 15평의 교회로 건축하여 이전하였고 이용석 전도인을 전임목회자로 모시게 되었다.

1911년 언덕위의 교회가 강풍으로 무너져 내리자 1913년 다시 예배당을 건축하고 1918년에는 정석창 전도사가 부임하였다. 1929년에는 이제 정식으로 대한예수교장로회 죽원리 교회로 등록하게 되고 이듬해 정석창 전도사가 초대장로로 임명받게 되면서 조직교회로서의 면모를 갖추어나가기 시작하였다.

대원교회 옛날 전경 사진(대원교회 제공)

3. 죽원리교회 학생들의 순전한 신앙과 전쟁의 시련

분단 이후 남과 북에 서로 다른 이념을 가진 정부가 출범하고 군사적 긴장이 높아지고 있었던 1949년 대원교회가 전국적인 관심을 끄는 사건이 일어나게 된다. 북한의 공산정권에 맞서서 반공 국가주의를 국가 이데올로기로 주창했던 이승만 정권은 학생들에게 태극기에 대한 배례를 강조하여 국가에 대한 충성심을 고취하고자 했다. 하지만 파주 봉일천 초등학교의 학생들이 죽원리교회 주일학교에서 배운대로 이는 십계명의 제2계명, 즉 우상을 만들지 말고 그것에 절하지 말라는 계명을 들어 이를 거부하였다. 교장은 이 아이들을 불러 국기에 대한 배례를 다시 한번 강권하였고, 학생들은 분연히 이를 거부하였다. 이에 국기에 대한 배례를 거부한 학생 36명이 퇴학처분을 받았고, 교회는 정권에 의해 감시당했으며 담임인 최중해 목사도 경찰서에 불려가 고초를 겪게 되었던 것이다. 이에 교인들은 낮에는 논과 밭에서 일을 하고 저녁이 되면 예배당에 모여 한마음으로 기도한다. 이 소식이 우선적으로 전국 교회에 알려지게 되었고 신사참배의 아픈 기억이 있었던 교회들은 함께 궐기하여 장로회 총회는 국기배례에 대한 소원장을 국회와 이승만 대통령에게 보내게 된다.

이러한 일이 여러 언론을 통해 알려지자 부통령인 이시형을 중심으로 국무회의를 열고 오른손을 가슴에 올리는 현재 방식의 국기에 대한 주목을 채택하면서 학생들은 무사히 학교로 돌아올 수 있었다. 현재 대원교회는 이러한 순전한 신앙의 유산을 이어받기 위해 교회설립 100주년을 기념하여 십계명 신앙비를 세워 이를 소중히 기리고 있다.

국기배례사건이 마무리 된 지 얼마 되지 않아 한반도에서는 민족상잔의 비극인 한국전쟁이 발발하게 된다. 이 전쟁의 와중에서도 교인들은 3개월간 비밀 집회를 이어가며 신앙을 지키기 위해 분투하였다. 하지만 1951년 2월 5일의 폭격으로 목조로 된 예배당이 전소되었고 목회자 사택을 임시로 예배장소로 이용하게 되었다.

1954년 헌당한 미군이 건축한 석조 예배당(대원교회 제공)

1953년 7월 유엔군과 중공군, 그리고 북한군 사이에 정전협정이 체결되면서 본격적인 교회 재건의 사업을 시작하였다. 이에 죽원리교회는 장덕수씨의 주선으로 미해병 사단 군목과 공병대 미7수송대원들의 협조로 60평에 이르는 석조 예배당을 건축하기 시작한다. 그리고 예배당의 건축은 1954년 4월 마무리되어 부통령인 함태영 목사의 설교로 봉헌예배를 드리게 되었다.

죽원리교회는 1957년 4월 교회의 명칭을 대원교회로 변경하였고 점진적인 부흥을 이루게 되다가 1963년 교회설립 60주년을 맞이하여 파주 운정에 새로운 교회를 개척하여 조영자 집사를 파송하게 되었다. 이러한 교회개척의 바람은 이듬해에도 이어져 1965년 등원리에 또 다른 교회를 개척하기에 이른다. 그리고 1980년에는 남전도회를 조직하고 1986년에는 기존의 여전도회를 한나, 마리아로 확대 재편하기에 이른다.

4. 대원교회의 현재와 언더우드 선교사의 비전

1904년 언더우드의 부흥집회를 통해 놀라운 성장을 이루며 죽원리 지역의 복음의 터전으로 자리잡은 대원교회는 나라의 아픔을 함께 하며 제자 양성과 영혼구원의 사역을 충실하게 감당하고 있다. 1904년 국운의 풍전등화에 빠졌을 때 복음에서 희망을 찾으며 지역전도에 매진했던 설립 당시의 교인들, 1949년 국가주의 아래에서 국기배례에 저항하며 순수한 신앙을 굳건히 지켜나갔던 어린 주일학교 학생들, 그리고 한국전쟁으로 예배당이 소실되어 모일 공간조차 찾기 힘들었던 고난의 시기에도 신앙을 지키기 위해 고군분투했던 역사가 대원교회의 근간이 되어 준 것이다.

대원교회 전경(대원교회 제공)

참고문헌

1. 이근복. "어린 학생들의 신앙심으로 국가주의를 거부한 교회, 파주 대원교회." 「새가정」, 2020년 5월.

2. 한국기독교역사연구소 편. 『조선예수교장로회사기(상)』. 한국기독교역사연구소, 2000.

3. 『원두우, 그 섭리의 발자취』. 새문안교회, 2007.

4. 대원교회 홈페이지. http://www.daewonch.com/daewonch/index_tong.asp.

새문안교회

서울 종로구 새문안로 79, 대한예수교장로회 새문안교회

1. 전통과 개화가 공존하는 곳 정동(貞洞)

대한민국의 수도 정동(貞洞)은 서울의 서부이다. 조선시대 사람들은 이곳 정동이 서대문에서 가까이 위치한 이유로 서울의 서부라 불렀다. 그러나 지리적으로 볼 때 서남부라 하는 것이 맞다. 그런데 역사적 측면에서 볼 때 이곳 정동은 서울의 중심부라 불려도 과언이 아니다. 조선의 국왕, 즉 고종과 순종이 머물던 궁궐, 즉 덕수궁(德壽宮)이 있는 곳이기 때문이다. 어느 학자는 덕수궁을 중심으로 한 이곳 정동이 조선 개국 이후부터 서울의 중심부였고, 중추적 역할을 하던 곳이라 한다. 그리고 여기에 덧붙이기를 '정숙과 안녕의 의미를 갖는 공간'이라 했다. 그러한 장소 정동, 이곳의 동명은 동일 권역에 있던 '정릉'(貞陵)과 '정릉동'(貞陵洞)에서 유래되었다.

역사적으로 고려시대까지 거슬러 올라가 보면 이곳에 사찰이 있었고, 이는 조선 개국 당시에도 존재했다고 한다. 태조 이성계가 서울을 수도로 잡고 들어온 뒤 3년이 지난 1397년, 그의 계비(繼妃) 신덕왕후(神德王后)가 세상을 떠났다. 참고로 태조는 신의왕후와 신덕왕후 사이에 총 13명의 자녀를 낳았다. 신덕왕후를 누구보다 사랑했던 태조는 그의 무덤을 도성 안에 두었다. 기록에 의하면 경복궁 망루에서 바라다 보이는 황화방 북쪽 언덕(北原)이었다. 그러나 신하들은 아무리 그래도 도성 안에 무덤을 두어선 안 되며, 또 그런 전례가 없다며 극구 반대했다. 그럼에도 태조는 정성을 다하여 신덕왕후의 무덤을 이곳에 조성했다. 그리고 그 능을 '정릉'이라 명했다. 무덤이 언덕처럼 크다는 의미가 담긴 명칭이었다. 여기에 더하여 독실한 불교신자이던 부인 신덕왕후를 위하여 능 옆에 커다란 규모의 사찰까지 건립하였다. 이것이 1397년 9월 28일 중창(重創)된 흥천사(興天寺)였다. 숭유억불 정책에 도성 안에는 사찰을 절대 세울 수 없다고 명령했던 자신의 통치이념을 반할 정도로 태조 이성계는 그녀를 사랑했다. 또한 정릉은 이른바 '정숙한 여인의 무덤'이란 뜻도 내포한다. 일반적으로 '정'(貞)이란 단어가 존경받는 부인이란 뜻을 가지고 있었기 때문이다. 따라서 이곳은 정숙한 동네란 의미가 담겼으며, 이후 정릉과 정릉동에서 정동이란 동명이 나왔다고 한다.

이외에도 정동과 관련하여 예부터 내려오던 이야기가 하나 있었다. 태조 이성계가 조선을 건국하기 전, 즉 고려 말기, 한양 인왕산에 호랑이 사냥을 하러 왔다가, 어느 우물에서 한 여성을 만났다. 목이 말라 물을 찾던 이성계는 마침 우물물을 긷고 있던 그 여성에게 물을 달라고 요청했다. 그러자 그 여성은 버드나무 잎을 따서 물에 띄운 뒤, 그 물을 이성계에게 건네주었다. 이성계가 급히 물을 마시다 혹여나 체하지 않을까 염려했던 여인 나름의 배려였다. 태조 이성계는 이 여인을 마음에 담아 두고, 후일 자기 아내로 맞이했다. 그녀는 바로 신덕왕후 강씨였다. 그런데 이성계의 사랑을 받았던 신덕왕후가 갑자기 병으로 죽게 되었다. 그녀는 죽기 전 이성계에게 자신이 죽거든 큰 연을 만들어 거기에 자기 이름을 쓰고 하늘 높이 날린 뒤, 끊어진 연줄이 바람에 날아가다 떨어진 곳에 자신을 묻어 달라 부탁했다고 한다. 그렇게 이성계는 왕비의 이름이 쓰인 연이 바람에 날아가다 떨어진 곳에 무덤을 세웠다. 그런데 그 장소는 태조 이성계와 신덕왕후 강씨가 처음 만난 우물이 있던 곳이었다. 우물이 있었다고 하여 우물 정(井)자를 써서 우물골, 즉 정동(井洞)이라 했다. 이처럼 이곳 정동은 조선이 건국된 이후 개국 초 왕실의 무덤이 있던 곳이었다. 그러나 신덕왕후의 무덤은 태조가 세상을 떠난 뒤, 태종에 의해 동소문 밖 사을한리(현 미아리)로 이장되었다. 그리고 신덕왕후를 위해 세웠던 흥천사는 돈암동으로 옮겨졌고, 사찰의 이름도 신흥사(新興寺)로 바뀌었다. 흥천사를 옮겨지었다고 하여 붙여진 이름이었다. 그렇게 오늘날 이곳엔 조선시대 사찰이 있던 흔적조차 찾아볼 수 없게 되었다. 다만 당시 흥천사에 있던 종이 15세기 남대문 쪽에 옮겨지고 이곳저곳 오가다 1930년대 이후 덕수궁에 남아 오늘에 이르고 있다.

이외에도 정동은 16세기 이후 치열한 당파싸움의 한 거점이기도 했다. 조선 선조 재임시기 관리들은 중앙권력을 차지하기 위해 서로 두 파로 나뉘어 치열한 다툼을 벌였다. 당시 지방에서 올라온 새로운 관리들은 주로 인현동(仁峴洞) 일대에 자리를 잡았고, 기성 관리들이 중심이 된 부류들은 주로 정동 일대에 근거지를 두었다. 사람들은 두 진영을 구분하기 위해 지리적 특징을 부여해 각기 동인(東人)과 서인(西人)이라 불렀다. 이처럼 정동은 조선시대 당쟁의 치열한 현장이기도 했다.

한편 정동은 우리나라의 근대를 이야기할 때 결코 빼놓을 수 없는 곳이다. 1880년대 문호를 개방하게 되면서 각국 공사관들이 이곳에 터를 잡고 외교 업무를 보았다. 미국공사관, 영국공사관, 프랑스공사관, 러시아공사관 등이 덕수궁 주변에 자리 잡고 있었다. 지금도 미국대사관 관저와 영국대사관, 러시아대사관이 정동에 있다. 이처럼 140여 년 전부터 이곳 정동에는 서양인이 거주하기 시작했고, 그들을 통해 서양의 문물이 이 땅에 하나씩 들어오기 시작했다. 그러한 역사를 품고 있는 곳이기에 누구는 이곳을 '개화의 요람'라 하고, 또 어떤 이는 '근대적 향취가 짙은 곳'이라 부른다.

종합하면 정동은 전통과 근대 문화가 공존하는 곳이다. 바로 이곳에 선교사 언더우드가 들어와 자리를 잡으며 신앙공동체를 세워 나갔다.

2. 언더우드 사택에서 출발한 예배당

한국 장로교회의 개척 선교사라 불리는 언더우드(H. G. Underwood)는 아버지 존 언더우드(J. Underwood)와 어머니 엘리자베스 그랜트 마리(Elizabeth Grant Marie) 사이의 6남매 중 넷째로 영국 런던에서 태어났다. 그의 가정은 신앙이 좋은 장로교 전통이었다. 외조부인 알렉산더 워(Alexander Waugh)는 스코틀랜드 출신으로 에딘버러 대학교를 졸업한 후 웰즈 스트리트회중교회 목사로 시무하는 등 언더우드 가문에 신앙적으로 깊은 영향을 끼쳤다. 할아버지는 출판업을 하였고, 아버지는 등사용 잉크, 타자기 잉크리본 등을 발명하여 직접 공장을 운영하던 발명가이자 사업가였다. 11살이 되던 1869년, 그는 형과 함께 프랑스의 가톨릭계 학교에 유학할 정도 그는 부유한 가정환경 속에서 어린 시절을 보냈다. 그러나 어머니와 동생, 할머니가 같은 해에 사망하고, 아버지는 동업자의 배신으로 사업에 실패를 겪는 어려움을 겪었다. 그러한 이유로 새로운 삶을 개척하기 위해 가족 전체가 신대륙으로 이주하였다.

언더우드 가족이 정착한 곳은 뉴저지 뉴 더럼(New Durham)이었다. 이곳은 뉴욕과 그리 멀지 않은 곳으로 네덜란드 개혁교회 교인들이 개척한 곳이었다. 자연스럽게 개혁교회 교인들과 가까이 지냈고, 결국 1874년 12월 온 가족이 인근에 있던 그로브개혁교회에 등록하였다. 언더우드는 뉴욕대학을 졸업하고 1881년 뉴브런즈윅(New Brunswick) 있던 네덜란드개혁신학교(Dutch Reformed Theological Seminary)에 입학하여 목회자 겸 선교사로서의 훈련을 받기 시작했다. 일찍이 그가 4살 때 런던에서 어느 인도 선교사의 설교를 듣고, 자신 역시 인도 선교사가 되겠다는 의지를 실천으로 옮긴 것이었다. 이처럼 그의 목적과 관심은 오로지 인도(India)와 선교(mission)였다. 그런 그에게 1883년이 시작되던 겨울, 학교에서 개혁교회 신학생 모임이 열렸는데 상급생이 은둔의 나라 한국을 소개하는 말을 듣게 되었다. 미국과 이제 갓 수교를 맺은 한국이란 나라에 아직 복음이 들어가지 않아 선교사가 필요하다는 보고였다. 그날 이후 언더우드는 마음 속 깊은 곳으로부터 끊임없이 자신에게 던져지는 질문을 받게 되었다.

"왜 너는 아니라고 하느냐?"(Why not go yourself?)

언더우드는 그 이후로도 잡지와 신문에서 한국 관련 기사를 보게 되었는데, 한국에 선교사가 들어갔다는 소식을 접하지 못했다. 여전히 그의 관심은 인도 선교였다. 1884년 봄, 신학교를 졸업하고 뉴브런즈윅노회에서 목사 안수를 받을 때에도 그는 인도 선교를 꿈꾸고 있었다. 그러나 소위 '하늘의 질문'을 피할 수 없었던 그는 결국 두 번에 걸쳐 네덜란드개혁교회에 한국 선교사 지원요청서를 제출했다. 안타깝게도 재정 부족으로 인해 한국선교사 파송이 어렵다는 회답을 받았다. 그러나 한국으로 가는 길은 다른 곳에서 열렸다. 동시에 마음속으로부터 신비한 음성을 들었다. "한국에 갈 사람이 한 명도 없다니 한국은 어찌할꼬?" 그는 북장로회 해외선교부가 있던 뉴욕 센터스트리트 23번가로 발길을 옮겨 사무실에 들어갔다. 마침 한국 선교를 지원했던 사람이 개인 사정으로 나갈 수 없다는 소식을 접하고 걱정하던 북장로회 해외선교부 총무 엘린우드는 언더우드의 한국선교 의지를 듣고 기뻐했다. 여기에 맥윌리엄스(D. W. McWilliams)란 독지가가 상당액을 한국선교비로 헌금했다.

마침내 언더우드는 북장로회로부터 1884년 7월 28일 한국선교사로 임명을 받고, 같은 해 12월 샌프란시스코를 떠나 이듬해인 1885년 1월 일본에 도착했다. 그리고 세 달간 일본에 준비기간을 거친 뒤, 4월 5일 부활주일 오후 3시경 미감리회 소속 아펜젤러(H. G. Appenzeller) 선교사 부부와 함께 제물포항에 도착했다. 그리고 서울로 올라갔다. 이렇게 언더우드 선교사가 서울에 들어와 정착한 곳은 바로 정동이었다. 미국공사관의 의사 자격으로 그보다 6개월 먼저 한국에 들어왔던 알렌(H.

N. Allen) 선교사가 집을 마련해 주었다.

내한 후 처음 2년간은 교육사업과 한국어 공부에 많은 시간을 보냈다. 그런 가운데 일찍이 스코틀랜드장로교회로부터 파송 받아 만주에서 활동하던 존 로스(J. Ross) 선교사의 한국인 동역자 서상륜(徐相崙)을 만나게 되었다. 언더우드 선교사는 황해도 소래(松川) 출신인 서상륜으로부터 다수의 세례희망자가 있다는 소식을 듣게 되었고, 여기에 용기를 얻어 본격적으로 교회를 설립하고자 결심했다. 그 결과 1887년 9월 27일 화요일 저녁 언더우드 선교사의 주재 아래 14명의 한국인과 그의 정동 사택에서 한국 최초의 장로교 조직교회가 탄생하게 되었다. 이날 창립 예배에는 서상륜과 동역했던 만주의 로스 선교사가 함께 참석했다. 언더우드 선교사는 당시의 상황을 다음과 같이 기록으로 남겼다.

이곳에서의 사역은 크게 발전하고 있는 중입니다. 일주일 전 지난 화요일, 장로 두 사람을 선출하면서 장로교회 조직을 완성했습니다. 그 두 사람은 지난 주일에 장립되었습니다. 우리는 교인 14명으로 [교회를] 조직했고, 주일에 한 사람이 더 늘었습니다. 교회는 나날이 성장해 가고 있는 중입니다. 세례지원자들도 상당수 있는데 모두 진중한 남성들입니다. 세례를 받기 원하는 한국인들이 북쪽과 남쪽, 그리고 동부지역에서 요청하고 있습니다. 그러나 저는 가르치는 일로 인해 그들에게 갈 수 없는 형편입니다(H. G. Underwood, "Korea, First Church in Korea, Oct. 7, 1887", The Church at Home and Abroad, Vol. 3, Feb. 1888, 196-197).

이후 이 교회는 급성장하였고, 1887년 말에 이르러서는 25명의 세례 교인으로 증가했다. 언더우드 선교사는 1889년 9월, 다음과 같은 감격을 담아 본국 교인들에게 소식을 알렸다.

> 1888년 12월에는 성령의 능력이 한국에 쏟아 부어졌고, 한 달 만에 20명이 추가로 입교했다. 1889년 1월 장로교와 감리교를 합해 세례 교인 100명을 넘었다. 현재 한국에는 두 개의 잘 조직된 교회가 있다. 매주일 공개적인 예배가 이 도시의 두 곳에서 열린다. 주중 기도회도 계속 열리고 있다(H. G. Underwood, "Korea", Missionary Review of the World, 1889년 9월호, 456-457; 옥성득, 『첫 사건으로 본 초대 한국교회사』, 164 재인용)

정동 언더우드 사택에서 시작된 예배당, 즉 오늘날 새문안교회의 출발이다. 이처럼 한국 장로교회의 첫 조직교회인 새문안교회는 언더우드 선교사의 보고처럼 성령의 능력으로 인한 산물이었다.

언더우드 사택에서 시작한 첫 예배당(새문안교회 홈페이지)

3. 한국 장로교회의 어머니 교회

새문안교회는 점점 성장 발전하여 1891년엔 주일학교가 시작되었다. 당시 교인은 100명에 이르렀고, 학생도 43명이 있었다. 1895년에는 한국인 교인들의 헌금 1,591냥으로 경희궁 맞은편에 4칸짜리 한옥을 구입하여 새 예배당을 건축하였다. 교인들의 자립의식을 엿볼 수 있는 대목이다. 이어 1898년에는 제직회와 청년회 등을 조직하며 좀 더 탄탄한 내실을 다져나갔고, 1907년에는 오늘날 교회터인 신문로 1가 42번지로 이전하였다. 그리고 3년 뒤인 1910년 5월 20일, 새롭게 이전한 신문로 자리에 벽돌로 된 예배당을 건축하고, 같은 해 9월에는 한국 장로교회의 첫 목회자 가운데 한 명인 서경조 목사가 동사목사로 부임하여 교인들의 신앙적 형편을 돌보았다. 1913년에는 성가대와 면려회를 조직하면서 더욱 풍성하고 알찬 예배와 교회운영이 가능해졌다. 또한 언더우드 선교사를 비롯한 교인들의 적극적인 전도 열의로 인해 새문안교회는 경기도 일원에 교회들을 개척하는데 앞장섰다. 그렇게 하여 1904년에서 1911년 사이 누산리교회, 시흥리교회, 죽원리교회, 문산리교회, 대동리교회, 노량교회, 용강리교회, 신산리교회, 갈현리교회, 용미리교회, 등원리교회, 발도리교회, 덕천리교회, 부작리교회, 금촌교회, 양평리교회, 대현교회, 하안리교회, 용산교회 등이 설립될 수 있었다.

1916년 언더우드 선교사가 미국 뉴저지주의 아틀랜틱시티에서 세상을 떠나면서 교인들이 많은 슬픔 속에 있었다. 그러나 새문안교회는 교회성장과 신앙성숙의 발걸음을 멈추지 않고 계속 전진해 나갔다. 증가하는 교인들을 수용하고 지역사회와 호흡하기 위해 5차례에 걸쳐 예배당을 새롭게 건축하였고, 현재는 지하 6층, 지상 13층 규모의 현대적 예배공간을 갖추고 있다.

한편 언더우드 선교사 이후 쿤스(E. W. Koons) 선교사, 차재명 목사, 박화선 목사, 김영주 목사, 언더우드 2세(H. H. Underwood) 선교사, 강태국 목사, 최화정 목사, 강신명 목사, 황인기 목사, 김동익 목사, 이수영 목사가 새문안교회에서 목회했으며, 현재 이상학 목사가 12대 담임목사 및 7대 위임목사로 언더우드 선교사가 남긴 정신과 가치를 계승하며 목회에 힘쓰고 있다.

1949년 7월 헌당한 700석 규모의 예배당(새문안교회 홈페이지)

4. 언더우드의 정신과 유산을 리드하는 신앙공동체

새문안교회에서는 1957년 창립 70주년 사업의 일환으로 '언더우드 학술강좌'를 시작해 오늘날까지 매년 교회창립 기념일을 전후하여 개최하고 있다. '언더우드 학술강좌'는 교단과 교파를 구분하지 않고 해당 분야의 최고 학자들 초빙, 새로운 신학의 사조와 경향을 소개하는 수준 높은 학술강좌로 이름을 알리고 있다. 참고로 이 강좌의 강사로 함께 했던 이들은 박형룡, 한경직, 홍이섭, 김양선, 박봉랑, 한철하, 김정준, 이종성, 윤성범, 문동환, 김용옥, 강원용, 김재준, 마삼락, 홍현설, 이만열 박사 등이 있다.

또한 교회 창립 80주년 기념사업의 하나로 언더우드교육관 건축사업이 기획되었다. 이 사업이 가능했던 것은 1964년 언더우드 선교사의 손자 원일한 장로가 자신의 소유인 서대문구 교북동 11번지 소재 건물 90평과 그 부속 대지를 교회에 기증했기 때문이다. 교회는 기증받은 대지와 건물을 매각하고 1964년 말부터 1,000만원의 예산을 세운 뒤, 교인들로부터 건물 위치에 대한 여론조사를 수렴했다. 그 결과 예배당 동편에 건물을 짓자는 다수 의견에 맞춰, 1966년 6월 당회원과 제직회원 교인들의 건축헌금 1,051만원을 모아 90평 대지에 지하 1층 지상 4층의 연건평 400여평 넘는 건물을 세우고자 추진했다. 1967년 7월 24일 정초식 예배를 드리고, 교회 창립 80주년 기념일인 9월 27일 수요일 찬양예배에 앞서 총건평 481평의 지상 4층 지하 1층의 교육관을 개관하였다. 교회는 이 건물을 '언더우드홀'(Underwood Hall)이라 명명하고 이를 기념하기 위한 동판을 새겨 넣었다.

이외에도 세계 선교 현장에서 필요로 하는 평신도 전문인 사역자 발굴 및 교육을 위하여 새문안 언더우드 선교훈련원을 설립하여 선교지에서 선교사들과의 효율적인 동역이 이뤄질 수 있도록 지원하고 있다. 그리고 2007년에는 교회 창립 120주년을 맞아 기념예배 및 언더우드 선교사 추모예식을 성대하게 가졌으며, 능곡교회, 양평동교회, 신사동교회, 시흥교회, 김포제일교회, 서교동교회와 함께 언더우드 설립 자매교회 방문 및 초청예배를 진행했다. 교회 1층에는 80평 규모의 '새문안교회 역사관'을 마련하여 한국교회사와 근현대사에 관한 컨텐츠를 전시하고 있으며, 언더우드 선교사와 새문안교회의 정신을 소개하고 있다. 참고로 역사관은 매주 화요일부터 일요일(월요일 및 공휴일 휴관) 오전 10시부터 오후 5시까지 개관하며 탐방 예약시 전시해설사가 안내한다.

이처럼 새문안교회는 위의 사업과 건축 등을 통하여 언더우드 선교사가 한국에 남긴 발자취를 기억하고 그 정신을 앞으로도 계승하고자 힘쓰고 있는 중이다.

오늘날의 교회 전경(새문안교회 제공)

참고자료

1. 새문안교회 홈페이지 (http://www.saemoonan.org/)

2. 김정동, 『고종황제가 사랑한 정동과 덕수궁』(도서출판 발언, 2004).

3. 옥성득, 『첫 사건으로 본 한국교회사』(도서출판 짓다, 2016).

4. 윤경로, 『새문안교회 100년사(1887-1987)』(새문안교회 창립 100주년 기념 사업회 역사편찬위원회, 1995).

5. 차재명 (편), 『조선예수교장로회사기(상)』(조선기독교창문사, 1928).

6. 한국교회사학회 (편), 『조선예수교장로회사기(하)』(연세대학교 출판부, 1968).

7. 이덕주, 『개화와 선교의 요람 정동이야기』(대한기독교서회, 2002).

서교동교회

서울 마포구 잔다리로 6길 11, 대한예수교장로회(통합)

1. 서교동(西橋洞)에 복음이 뿌려지기까지

서울특별시 마포구 합정동에는 양화진외국인선교사묘원이 있다. 지난날 복음을 들고 이 땅에 들어온 선교사들 상당수가 잠들어 있는 곳이다. 그러나 해방과 한국전쟁을 거치고 이곳은 제대로 관리되지 못한 채 방치되어 있었다. 그러던 중 1980년대, 한국교회가 선교 100주년을 앞두고 여러 행사를 기획, 기념하던 그 시기에 초교파적으로 양화진에 선교 100주년 기념 예배당을 세웠다. 이후 묘지의 후손이나 개인적 참배객들이 찾아와 묘소와 그 주변 관리에 신경을 쓰기도 했다. 그러나 그것은 그 때 뿐이었다. 양화진은 그렇게 20세기 말까지 소위 버려진 땅과도 같았다. 시간이 흐르면 흐를수록 풍파로 부식된 비석만 가득했고, 제대로 된 관리주체가 없다 보니 그나마 오가던 발길도 뜸해진 듯했다. 게다가 조상의 묘지가 아니면 될 수 있는 한 멀리하려는 한국인들의 문화적 심리 때문에 양화진은 많은 이들의 기억 속에서 잊혀 갔다. 물론 지금은 많은 이들의 관심으로 대표적 한국 개신교 성지 가운데 하나로 자리매김하였다.

본래 양화진은 한강 배들이 오가던 '나루터'(津)였다. 여기에 유독 '버드나무'(楊花)가 많다고 하여 '양화진'이라 불렸다. 비록 언더우드 선교사가 1885년 4월 5일, 오늘날의 인천, 즉 제물포에 발을 디뎠다고 하지만, 본래 이곳 양화진은 인천에서 출발한 배가 한강변으로 들어오는 수도 서울의 또 다른 관문이었다. 바로 이 주위에 언더우드 선교사가 남긴 발자취가 남아 있다.

잘 알려진 것처럼 언더우드 선교사는 1885년 4월 5일 부활주일, 제물포항에 발을 디뎠다. 그렇게 그가 내한하고 100여 년 뒤, 소설가 정연희 작가는 한국기독교 선교 100주년에 맞춰 초창기 한국교회 선교사들의 생활과 사역을 담은 『양화진』이란 소설을 발표했다. 기독교계의 스테디셀러로 많은 이들에게 애독됐던 이 소설은 마치 현실과 가상을 혼동하게 할 정도로 작가의 뛰어난 문학적 필치가 돋보인 작품이었다. 그 대표적인 예가 바로 본문 가운데 삽입된 소위 '언더우드 선교사의 기도문'이었다. 정연희 작가는 이 작품 내에서 내한 당시 언더우드 선교사의 심정을 다음과 같이 문학적 상상력으로 그리며 대변했다.

지금은 아무 것도 보이지 않습니다. 주님, 메마르고 가난한 땅, 나무 한그루 청청하고 시원하게 자라오르지 못하고 있는 땅에 저희들은 옮겨와 앉아 있습니다. 그 넓고 넓은 태평양을 어떻게 건너왔는지 그 사실이 기적입니다. 주께서 붙잡아 뚝 떨어뜨려 놓으신 듯한 이곳, 지금은 아무 것도 보이질 않습니다. 보이는 것은 고집스럽게 얼룩진 어둠 뿐입니다. 어둠과 가난과 인습에 묶여 있는 조선사람 뿐입니다. 그들은 왜 묶여 있는지도 모르고 묶여 있는 것이 고통이라는 것도 모르고 있습니다. 고통을 고통인 줄 모르는 자에게 고통을 벗겨주겠다고 하면 의심부터 하고 화부터 냅니다. 조선남자들의 속셈이 보이질 않습니다. 이 나라 조정의 내심도 보이질 않습니다. 장옷을 쓰고 다니거나 가마를 타고 다니는 여자들을 영영 볼 기회가 없으면 어찌하나 하는 생각도 듭니다. 조선의 마음이 보이질 않습니다. 그리고 저희가 하게 될 일이 어떤 것인지 그 일이 어떻게 나타나게 되는지 조금도 보이지 않습니다. 그러나 주님, 순종하겠습니다. 겸손하게 순종할 때에 주께서 일을 시작하시고 그 하시는 일을 우리들의 영적인 눈이 볼 수 있을 날이 있을 것을 믿을 뿐입니다. "믿음은 바라는 것들의 실상이요, 보지 못하는 것들의 증거니 …"라고 하신 말씀을 따라 저의 믿음이 앞날의 조선을 볼 수 있게 될 것을 믿습니다. 지금은 우리가 황무지 위에 맨손으로 서 있는 것 같사오나, 지금은 우리가 서양귀신, 양귀자(洋鬼子)라고 손가락질을 받고 있사오나, 저들이 우리의 영혼과 하나인 것을 깨닫고 하늘나라의 한 백성 한 자녀임을 알고 눈물로 기뻐할 날이 있음을 믿습니다. 지금은 예배를 드릴 예배당도 없고 가르칠 장소, 학교도 없고 그저 경계와 의심과 멸시와 박대만이 가득한 곳이지만, 이곳이 머지않아 은총의 땅이 되리라는 것을 믿습니다. 주여, 오직 제 믿음을 붙잡아 주소서(『양화진』, 1994년도 개정판, 235).

위 언더우드 선교사의 기도문은 지금까지도 실제 언더우드 선교사가 했을 것이라고 믿는 이들이 많을 정도로 작가가 훌륭한 문학적 상상력을 펼치며 창작한 글이다. 그만큼 일부 과장된 부분이 없지 않은 창작 기도문이지만, 내한 당시 언더우드의 심정이 어떠했을지 독자들에게 상상의 여지를 제공해 준다. 특히 우리의 시선을 끄는 것은 언더우드 선교사가 복음에 근간한 예배와 교육 현장의 필요성을 간절히 바랐다는 점이다. 그리고 그의 꿈은 이 땅 곳곳에서 싹트고 꽃피우기 시작했다. 마포구 합정에 자리잡은 서교동교회도 그 가운데 하나이다.

2. 언더우드와 개울 위 작은 다리들(잔다리)의 만남

초창기 한국 장로교회의 역사가 정리된 『조선예수교장로회사기(하)』
에는 서교동교회의 출발과 관련하여 다음과 같이 기술하고 있다.

> 1895년(을미)에 고양군 세교리교회가 설립되다. 선시에
> 선교사 기보(奇普) 부인과 원두우 목사가 해당 지역에
> 거주하는 고군보(高君甫)의 집에서 피서(避暑)하며 전도하였고,
> 조사 천광실(千光實)이 계속 전도하므로 이원순(李元順),
> 김치삼(金致三), 신동운(申同運), 최봉인(崔鳳仁), 라봉구(羅鳳九),
> 고군보 부부(夫妻) 등이 믿기(信敎)를 시작하여 초가 여섯 칸의
> 예배당을 건축하니 교회가 완성되어 경성 신문내(新門內)교회와
> 연락되었으며, 그후 교역자는 조사 홍성서(洪性瑞), 이용석(李容錫),
> 김기현(金其鉉), 김영한(金永漢) 등이 계속 시무하여 교회는 점점
> 진흥되니라(『조선예수교장로회사기(하)』, 2).

한국 장로교회의 모교회인 새문안(신문내)교회의 설립자 언더우드
선교사는 1895년 여름, 동료 여성선교사인 헤이든(Mary Eugenia
Hayden, 1890년 동료 선교사 기포드와 결혼)과 함께 경기도 고양군 잔
다리 마을에 거주하는 고군보 저택에서 더위를 피하며 전도에도 힘썼

다. 언더우드 선교사와 함께 잔다리예배당을 세우는데 함께 한 헤이든 선교사는 미국 미주리 출신으로 파크대학을 졸업하고 북장로회 여선교부 파송을 받아 1888년 9월 29일 내한한 교육선교사였다. 이어 조사 천광실이 언더우드 선교사와 헤이든 선교사가 보여준 복음전도의 열정을 이곳에서 계속적으로 이어 나갔고, 그 결과 잔다리예배당을 세울 수 있었다. 참고로 '잔다리'란 당시 한강으로 이어지는 개울 위로 작은 다리들이 만나 생겨난 순우리말이었다.

1920년대 추정 초기 교인들(서교동교회 홈페이지)

3. 잔다리에서 오늘날의 서교동으로

처음 이 교회가 시작할 때에는 여덟 가정이 모여 이뤄진 작은 신앙공동체에 불과했다. 또한 초창기 '남녀칠세부동석'(男女七歲不同席)이란 엄격한 한국적 문화로 인해 남녀가 구별된 자리에 앉아 예배를 보곤 했다. 그러나 하나님의 나라의 복음이 이 땅에서 확장되길 소망한 언더우드의 바람대로 서교동교회는 날로 발전해 나갔다. 이미 1915년에 최봉인을 초대 장로로 장립하고, 1917년에는 라봉구를 장로를 장립했다. 그리고 당시 교인수가 150여명에 달하며 발전의 기틀을 마련해 나갔다.

한편 1906년에는 교회 자체적으로 소학교를 설립하여 초등교육을 본격적으로 개시하였고, 1926년에는 배영의숙을, 그리고 1940년에는 경성자매원을 세우며 한국 사회 속에서의 문맹퇴치와 어린이 선교에 앞장서고자 힘썼다. 해방 이후인 1961년에는 경성자매원이 발전하여 교회부설 배영유치원을 개원하며 복음에 근거한 교육사업을 발전시켜 나갔다. 이것은 언더우드 선교사의 정신과도 그 맥을 같이 한다. 즉 언더우드 선교사가 이 땅에 머물면서 특별히 교육선교에 관심을 갖고 많은 열정을 쏟았던 것처럼 서교동교회 안에서도 복음과 교육의 정신을 발전시키고자 했던 그 모습이 꽃을 피워 나갔던 것이다.

물론 일제강점기와 한국전쟁이라는 한국사의 시대적 아픔 속에서 서교동교회도 예외는 아니었다. 이 교회는 몇 차례에 걸쳐 교회명칭이 변경되었는데, 1918년 경기도 고양군 세교리(細橋里)교회라 불리다가 1936년에는 일제강점기 일본식 지역명에 따라 경성부 서교정(京城府西橋町)교회로 바뀌었다. 다행히 해방 이후인 1946년에는 행정명칭이 우리식 지명으로 다시 복원되면서 서교동이 되었고, 자연스럽게 교회명칭도 서교동교회로 변경되어 오늘에 이르렀다. 한국전쟁이란 동족상잔의 비극도 서교동교회와 무관하지 않았다. 1949년 서교동교회 최초의 위임목사가 된 주재명 목사는 동족상잔의 비극을 직접 몸으로 겪었던 목회자였다. 1919년 중국 랴오닝성에서 출생한 그는 1946년 4월 조선예수교장로회 평북노회에서 목사안수를 받고, 같은 해 서교동교회에 부임했다. 1950년 6월 25일, 한국전쟁이 발발하자 피난을 거부하고, 교회를 지켰다. 매주 일요일마다 교회 종을 직접 치며, 예배를 드렸다. 그러나 1950년 8월 3일 보안서에 체포되어 납북되었고, 이후 현 자강도에 위치한 강계형무소에서 31살의 젊은 나이에 세상을 떠났다. 전쟁 당시 주재명 목사 외에도 방서창 전도사, 염윤의 전도사도 전란의 아픔 속에서 목숨을 잃었다. 전쟁 와중 폭격으로 인해 예배당이 소실되는 아픔과 어려움을 겪었었다. 그렇게 민족의 아픈 시대적 현실 속에서 서교동교회도 예외는 아니었다. 하지만 온 교우가 힘을 모아 1953년 9월 새성전 건축을 위한 예배를 드리고, 교회 재건에 힘을 쏟았다. 그 결과 1955년 9월 10일, 한국전쟁 당시 파괴된 본관 신축 봉헌예배를 드릴 수 있었다. 그리고 1965년에는 오늘날의 예배당 봉헌을, 1979년엔 현 교육관을 신축하며 지속적인 발전을 이루어 나갔다. 즉, 언더우드의 선교적 정신을 공유하고 있는 이 교회는 어려운 상황이 닥치더라도 꾸준하면서도 점진적인 성장과 발전을 지속해 나갔다.

게다가 서교동교회는 초창기부터 내적인 성장뿐만이 아니라 내부적으로 축적되는 역량을 외부의 많은 이들과 공유하는 데까지 많은 관심을 기울였다. 그 결과 언더우드 선교사의 정신을 함께 나누고 있는 김포읍교회와 영등포교회 등이 설립하는데 상당한 도움을 주었다. 그렇게 언더우드 선교사의 선교적 유산과 그 정신적 가치는 한곳에 머물지 않고 지속적으로 가지를 치며 뻗어 나갔다.

교회 전경(서교동교회 홈페이지)

4. 언더우드, 그의 정신을 기억하고 잇다

서교동교회는 이 땅에 복음을 전하기 위해 내한한 언더우드 선교사의 사랑과 헌신을 기억하고, 그 마음을 더욱 굳건히 이어 가고자 경내에 언더우드기념관(Seogyodong Presbyterian Church Underwood Memorial Hall)을 세웠다. 내부에는 '언더우드의 소명', '언더우드의 선교사역', '양화진의 역사', '잔다리교회의 태동', '안디옥교회로서의 잔다리교회', '상록수교회와 같은 잔다리교회', '언더우드의 마음'이라는 총 6개의 테마를 주제로 언더우드 및 서교동교회 역사에 대해 전시하고 있다. 그 내용을 간단히 정리하면 다음과 같다.

1. 언더우드의 소명

조선을 사랑한 언더우드: 언더우드는 가난과 어둠만이 가득했던 이 땅에서, 자신의 것을 모두 나누어 하나님의 복음을 전했고, 조선인보다 더 조선을 사랑한 그 뜨거운 마음으로 이 땅은 조금씩 변화되기 시작했다.

2. 언더우드의 선교사역

조선에 가장 알맞은 선교정책: 언더우드는 조선에 알맞은 선교정책을 위해 고심했다. 그는 조선 백성들이 겪고 있는 고통을 외면하지 않았으며, 조선에 알맞은 선교 정책으로 조선이 희망을 갖게 되기를 원했다.

3. 양화진의 역사

버들 꽃 피는 마을 '양화'(楊花): 제물포에서 언더우드가 타고 왔을 것으로 추정되는 증기선의 기착점이었던 양화진은 외국인 묘지가 있는 잠두봉 아래 있던 나루터로 한양(漢陽)에서 양천(陽川)을 지나 강화(江華)로, 서해로 나가는 교통의 요충지였다.

4. 잔다리교회의 태동

좁은 다리가 있는 마을, '잔다리': 잔다리교회는 어느 무더운 여름날 언더우드에 의해 고군보의 자택에서 출발하였고, 잔다리교회의 첫 예배당은 1895년에 교인들의 힘으로 건립되었다.

5. 안디옥교회로서의 잔다리교회

서북지역의 어머니교회: 잔다리교회는 김포읍교회, 영등포교회 등 많은 교회를 개척하여 서북 지역의 어머니 교회로 통한다.

6. 상록수와 같은 잔다리교회

　교육사업을 통한 복음전파: 서교동교회는 서울 서북지역에서 대표적인 상록수 역할을 담당한 교회로, 연희전문학교의 학생들과 협력으로 야학과 한글보급, 계몽 운동에 앞장섰으며, 지금도 아이들과 지역 사회를 위한 교육사업을 지속적으로 운영하고 있다.

7. 언더우드의 마음

　생명을 살리는 교회: 오랜 세월 동안 한결같이 언더우드의 마음을 지켜온 서교동교회는 언제나 생명을 살리는 일에 정성을 쏟고 있다.

　이외에도 서교동교회에는 초기 교회 역사 속에서 사용했던 종이 지금도 보관되어 있는데, 이 종은 언더우드 선교사가 기증한 것으로 알려져 있다. 이처럼 언더우드 선교사와 서교동교회는 그 역사만 살펴보아도 상당히 긴밀한 관계로 맺어져 있다. 따라서 서교동교회 언더우드기념관은 이 땅에 복음을 전하기 위해 내한한 언더우드 선교사의 사랑과 그 헌신을 기억하기 위해 세워졌다. 또한 그 마음을 더욱 굳건히 이어가고자 하는 서교동교회와 교우 모두의 신앙적 의지와 그 약속 표현이라 해도 과언이 아니다. 참고로 서교동교회 언더우드기념관의 개관시간은 화-토요일(10:00-17:00), 일요일(09:00-19:00)이며, 월요일 및 공휴일은 휴관이다.

언더우드기념관 내부(서교동교회 홈페이지)

참고문헌

1. 서교동교회 홈페이지. https://www.skdch.or.kr.

2. 『한국민족문화대백과사전』(인터넷 홈페이지). https://encykorea.aks. ac.kr.

3. 차재명 편. 『조선예수교장로회사기(상)』. 조선기독교창문사, 1928.

4. 한국교회사학회 편. 『조선예수교장로회사기(하)』. 연세대학교 출판부, 1968.

5. 『원두우, 그 섭리의 발자취』. 새문안교회, 2007.

송마리교회

김포시 대곶면 산자뫼로104번길 19-31, 대한예수교장로회(통합)

松蘇里

1. 한강으로 들어오는 길목-김포

김포는 평야지대와 낮은 구릉으로 둘러싸인 곳으로 과거부터 곡창지대로 유명한 곳이었다. 또한 김포는 한강, 임진강 등이 서해로 흘러나가는 길목의 역할을 하고 있어 예로부터 교통의 요지였다. 이러한 이유로 삼국시대부터 고구려, 백제, 신라가 앞다투어 이 지역으로 진출하기 위해 노력했으며, 병인양요와 신미양요 시기에도 외국 군대가 한양으로 들어가는 길목인 이 지역을 지켜내기 위해 조선군이 치열한 전투를 치루었던 곳이기도 하다.

김포지역은 또한 조강의 지류를 따라 북한과 경계를 맞닿아 있는 곳이기도 한다. 특히 하성면에 위치한 애기봉에서 북한땅과의 거리는 3킬로에 불과해 북한 주민들이 들에 나와 일을 하는 장면을 볼 수 있으며 날씨가 좋은 날에는 멀리 개성의 송악산이 보이기도 해 실향민들의 마음을 달래주고 통일을 염원하는 대한민국 국민들이 즐겨 방문하는 장소이다.

송마리는 김포시의 대곶면에 위치한 작은 마을이다. 대곶면의 명칭은 대파면의 대(大) 자와 고리곶면의 곶(串)자를 따서 만들어진 지명이며 남과 북의 오봉산과 수안산을 제외하곤 대부분 평탄한 지형으로 이루어져 있다. 또한 한강에서 서해로 나아가는 길목에 있어서 어업에 종사하는 가구들도 다수가 분포되어 있다. 송마리는 이 대곶면의 내륙지역에 위치하고 있어 촘촘한 지방도로 연결되어 현재 많은 공장들이 위치하고 있다.

2. 송마리교회의 설립과 발전

『조선예수교장로회사기(상)』에는 송마리교회의 설립에 대해 다음과 같은 글이 적혀있다.

> 김포군 송마리교회가 설립되다. 선교사 원두우와 전도인 신화순,
> 이춘경 등의 전도로 김상현, 김춘기, 김광현 등이 믿기 시작하고 그
> 친인척에게 전도하여 신자가 계속 늘어 교회가 설립되니라(83).

이때가 1897년 11월 20일로 알려져 있으며, 언더우드와 신화순, 이춘경 등이 경기지역의 전도사역을 하던 중 송마리교회를 창립하였다고 알려져 있다. 일설에 의하면 언더우드 선교사가 김상현의 집에 말을 메어놓고 2-3일간 성경공부와 예배 등을 드리게 되면서 교회가 시작되었다고 한다. 초창기의 교인들은 이 시기 동안 언더우드 선교사를 위해 말에게 풀을 먹이고 나무로 침대를 만들어 잠자리를 편하게 해주려고 했으며, 계란, 닭고기, 채소를 재료로 하여 다양한 음식으로 대접했다고 한다.

이렇게 시작된 교회는 그 지역의 복음화를 위한 거점이 되었고 1914년 초창기 교인이었던 김상현이 장로로 피택되게 되었다. 그리고 이듬

해인 1915년 감상현을 장로로 장립하여 당회를 조직하였고 목사에 원두우, 김홍식, 서경조, 차재명, 조사 김영한, 김홍기, 김기현 등이 당무를 나누어 보았다고 『조선예수교장로회사기(하)』 141쪽에는 기록되어 있다. 그리고 1916년에는 당무를 나누어 본 차재명 목사가 담임으로 사역을 하기 시작하였다.

1919년에는 군예빈 (Edwin W. Koons, 1880-1947) 목사가 3대 당회장으로 부임하였고, 이후 김홍식 목사, 노해리 목사(H. A. Rhodes), 유재한 목사등이 이어 교회를 담임하였다. 특히 1941년 부임한 김영선 목사 시기에 교회는 크게 부흥하여 대곳교회, 대명교회, 신안성결교회, 송마중앙교회, 가현교회, 대광교회 등을 개척하였다.

송마리교회 사랑방성경공부반(송마리교회 제공)

3. 송마리교회의 당회록과 교회개척 이야기

1915년 11월 차재명 목사가 원두우 선교사 등과 함께 당회의 시무를 돌아보면서 작성한 이 당회록은 그의 담임사역 기간 동안에 있었던 교회의 사역들을 담아내고 있다. 그리고 1916년 10월에 부임하여 2년간 담임으로 사역했던 차재명 목사는 교회의 초창기 역사를 첫 당회가 시작되면서 작성된 당회록에 기록하여 두었다. 이 당회록은 송마리교회의 초창기의 다양한 모습들이 생생하게 기록되어 있는 소중한 문화유산이며 그 당회록 보관함 또한 2007년 송마리교회 담임목사였던 추진규 목사가 기증하여 현재 새문안교회에 보관되어 있다. 이 당회록에는 18세 아가씨가 결혼한 것을 두고 너무 일찍 결혼을 하였다고 해서 6개월간 출석정지를 한 내용, 70세 노인이 세례의 문제를 두고 "목사야, 이놈아 왜 나는 세례를 안주냐?"라고 하여 또한 6개월간 출석정지의 치리를 한 생생한 내용들이 적혀져 있다.

이 당회록은 한국교회총연합의 역사자료 아카이브에 소개되어 있으며, 당회록 표지에는 "설립 1897년, 주 1915년 11월 25일 송마리교회 당회록 제1권"이 적혀져 있다. 즉 송마리교회의 창립은 1897년이며 장로회사기에 기록된 것처럼 1915년 당회가 구성되어 첫 당회를 실시했다는 사실을 기록하고 있다.

4. 송마리교회의 현재와 언더우드의 비전

1997년 100주년 기념예배를 드린 송마리교회는 새로운 도전에 직면하고 있다. 20세기를 넘어 21세기로 들어오면서 배들이 분주하게 움직이고 상인들이 바삐 다녀가던 김포 지역은 수도권으로의 접근의 용이성으로 인해 많은 공장들이 들어오고 거주민들이 빠져나가는 어려운 상황에 직면하고 있는 것이다. 또한 지역의 젊은이들이 서울로 이주하고 다른 도시들로 빠져나가면서 그 자리를 외국인 이민자들이 메우고 있는 상황이다. 대곶면의 경우 주민등록이 된 인구가 1만여명인데 비해 외국인 거주자는 6500명에 달하고 있다. 즉 전체 거주 인원의 3분의 1 이상이 외국인일 정도로 대곶면의 외국인 거주 비율은 김포시 내에서도 매우 높은 상황이다.

이러한 지경의 변화 속에서 송마리교회는 언더우드가 품은 새로운 공동체들을 향한 복음의 빛을 다시 한번 발하기 위해 노력하고 있다. 특히 "교회는 설립이 중요한 것이 아니라 관리하는 것이 중요하다"는 초기 선교사들의 가르침을 되새기며 지속가능한 복음전도의 터전으로 교회를 운영하고 있다. 이를 위해 송마리교회는 지금 장소에 과거 언더우드 선교사가 머물며 복음을 전했던 사랑방을 재현하여 선교의 장으로 만들겠다는 비전을 가지고 있다.

언더우드의 선교는 소외된 자들, 사회로부터 배제당했던 자들이 그 사회안에서 지속가능한 성장을 이룰 수 있도록 하는 통전적 선교였다. 그의 선교의 영역은 복음전도에서 시작되어 의료, 교육, 문화의 영역까지 확장되면서 조선의 대중들이 기독교를 통해 다양한 영역에서 전인적인 성장을 거둘 수 있는 발판을 제공해주었다. 이제 언더우드가 첫 씨앗을 심어가던 대곶이 한국 사회에 새로운 질문을 던져주고 있다. 과연 우리는 새롭게 이 땅에 이주해온 외국인들에게 어떠한 환대의 모습을 보여줄 것인가? 언더우드가 꿈꾸었던 모든 이들이 함께 공존하며 성장할 수 있는 토대가 바로 교회가 되어야 하지 않을까? 대곶에서 송마리 교회가 언더우드의 선교정신을 토대로 이 질문에 꾸준히 답하며 새로운 선교의 전기를 마련해 나가기를 소망해본다.

송마리교회 전경(송마리교회 제공)

참고문헌

1. 한국기독교역사연구소 편. 『조선예수교장로회사기(상), (하)』. 한국기독교역 사연구소, 2000.

2. 『원두우, 그 섭리의 발자취』. 새문안교회, 2007.

3. "〈기독공보기획〉 창립 119주년 송마리교회." 「기독공보」. 2016년 11월 21일.

시흥교회

서울 금천구 시흥동 금하로 11길 14, 대한예수교장로회(통합)

1. 기독교 복음의 근원이 일어나길 꿈꾸는 곳(始興)

오늘날의 시흥교회가 자리잡고 있는 시흥동은 서울 금천구 남부에 위치한 동이다. 그리고 시흥동은 서울특별시 독산동과 관악구, 그리고 경기도 안양시, 광명시 등과 지리적으로 접하고 있다. 일반적으로 안양천에 의해 형성된 범람원의 낮고 평평한 지역이 상당히 넓은 면적을 차지하고 있다. 이 지역의 역사를 거슬러 올라가 보면, 구석기와 신석기 시대 유적이 발견된 흔적은 없다. 그러나 이곳이 한강 하류에 있는 지리적 특성에 비춰볼 때, 일찍이 인류의 생활 터전이 되었을 것이란 추정은 가능하다. 고대국가 가운데 마한이 이 지역을 차지하고 있었다. 그러나 백제가 마한을 병합한 뒤로 오랜 기간 백제의 영토에 속해 있었다. 그러다가 5세기 고구려의 남하 정책으로 이 지역을 고구려에 빼앗겼고, 이후 백제, 고구려, 신라 3국의 치열한 다툼의 장으로 놓였다. 결국 삼국을 통일한 신라의 영토에 속하여 고려와 조선시대, 그리고 오늘날에 이르러 우리 민족의 영토로 남게 되었던 것이다.

시흥동이란 동명은 1795년 즉, 정조 19년에 금천현의 행정지명을 시흥현으로 개칭하면서 생겨난 이름이라고 한다. 1895년, 지방제도가 개편되었을 때 전국이 23개 부 337개 군으로 변경되었는데, 이때 시흥현은 인천부 시흥군으로 승격되었다. 그러나 이듬해에 다시 23부제가 폐지되면서 인천에서 경기도 시흥군 소속으로 다시 바뀌었다. 이후 시흥군에 속해 있다가 1995년 금천구가 구로구로부터 분리, 신설되면서 금

130
시흥
교회

천구에 속한 지명이 되었다.

　시흥동이 속한 금천구에는 태조 이성계의 조선 건국과 관련하여 한 가지 전해 내려오는 설화가 있다. 그는 조선을 건국하고 수도를 고려의 개경에서 한양으로 천도하였다. 수도를 조성하기 위해 도성 건축 등 각종 공사를 진행하고 있었는데, 진행 과정이 그리 수월하지 않았다. 때로는 도성을 축조하는 가운데 궁궐이 무너지는 사고도 발생하기도 했다. 이성계는 상당히 더딘 공사의 진척 과정을 걱정했다. 그러던 어느 날 밤에, 그는 어둠 속에서 반은 호랑이고, 반은 이상한 괴물을 보게 되었다. 이성계가 괴물에게 화살을 쏘았지만, 괴물은 아랑곳하지 않고 궁궐을 무너뜨리고 사라졌다. 침통한 마음으로 걱정하던 이성계 앞에 그때 한 노인이 나타났다. 그 노인은 이성계를 위로하며 저 한양 남쪽 부근에 호랑이 머리를 한 산봉우리가 한양을 굽어보고 있으니 이 호랑이의 기운을 반드시 눌러야 한다고 알려주었다. 그리고 구체적인 실행방법으로 호랑이라는 동물은 꼬리를 밟으면 꼼작 못하니, 호랑이 형상을 한 산봉우리의 꼬리 부분에 사찰을 세우라는 조언을 남기고 그 노인은 사라졌다. 태조 이성계는 그 노인의 충고를 듣고, 바로 다음 날 사찰을 세웠다. 그 사찰이 오늘날 금천구에 있는 호압사(虎壓寺)란 절이다.

　이처럼 시흥동은 예로부터 수도 서울을 향해 잡아 먹을듯한 공격적 지리 형세를 띠고 있다. 그만큼 이 지역 거주자들의 기세가 등등했다는 것을 의미한 것이 아닐까 상상하게끔 만든다. 그런데 시흥이란 단어를 풀어보면 '처음 시'(始)와 '일 흥'(興)의 두 자를 합한 글자이다. 그 가운데 '처음 시'는 다른 한편으론 '근원' 혹은 '근본'이란 의미도 갖고 있다. 여기에 군이 기독교적 의미를 덧붙이자면, 기독교 복음의 근원과 근본이 일어나는 곳이라 해석해도 좋지 않을까. 바로 이와 같은 지역에 복음의 씨앗이 뿌려졌다. 그리고 그것은 언더우드에서부터 시작한다.

2. 선교사 언더우드와 조사 홍성서의 팀워크

언더우드가 내한하여 처음 설립한 장로교회는 오늘날 서울 광화문 인근에 위치한 새문안교회이다. 이곳에서 목회했던 차재명 목사는 1928년 언더우드로부터 시작한 한국의 장로교회 역사를 정리하며, 『조선예수교장로회사기(상)』을 편집 저술하였다. 그는 이 책을 편집하며 시흥교회와 관련한 이야기를 다음과 같이 풀어나간다.

> [1904년] 김포군(金浦郡) 누산리(樓山里)교회와 시흥읍(始興邑) 교회가 성립하다. 처음에 누산리교회는 전도인 신화순(申和順), 이춘경(李春京)의 전도로 홍여장(洪汝章), 전성현(全聖賢), 전성순(全聖淳) 등이 믿고 점차 교회가 성립하였으며, 시흥읍교회는 도정섭(都延燮), 윤상덕(尹相德)의 전도로 임희서(林喜西), 이성문(李聖文) 등이 기독교를 믿고 교회가 성립하여 선교사 원두우[언더우드], 조사 홍성서(洪聖瑞) 등이 시무하니라(『조선예수교장로회사기(상)』, 111).

위의 기록대로 시흥교회는 1904년 도정섭과 윤상덕의 전도와 그 수고로 인하여 이 땅에 세워졌다. 임희서와 이성문 등이 위 두 사람의 전도를 받고 기독교 신앙을 받아들였다. 그렇게 시흥동 땅 위에 신앙공동체가 시작되었다. 참고로 오늘날 시흥교회는 자신들의 교회가 시작된 날짜를 나름 1904년 2월 7일로 추정하여 창립기념일로 지키고 있는 중이다. 그런데 무엇보다도 여기서 주목하고 싶은 것은 이곳 시흥지역의 신앙공동체가 설립된 시기에 맞추어 언더우드가 직접 시무했다는 점이다. 언더우드 옆에는 홍성서 조사가 함께 힘을 보태며 이제 막 첫발을 내딛기 시작한 이 작은 신앙공동체를 위해 헌신했다.

선교사 언더우드와 조사 홍성서의 팀워크는 매우 잘 맞았다. 이곳을 찾아오는 사람들의 수는 점점 증가했다. 그런 가운데 1911년 예배 처소를 초대 교인 가운데 한 명인 임희서의 집으로 옮겼다. 임희서는 교회 창립 일원답게 누구보다도 모범적인 헌신의 모습을 보여주었다. 거처를 예배 처소로 내놓은 것 외에 2년 뒤인 1913년에는 자신이 소유하고 있던 밭 280평을 교회 대지로 헌납할 정도였다. 전해 내려오는 바에 따르면 그는 '예수를 믿으려면 자신의 소중한 땅도 아낌없이 하나님께 바치는 것이 유일한 길'이라고 믿었다. 그렇게 예배당 건축을 위한 대지를 마련하고, 언더우드는 임희서의 뜻을 받아들여 1914년 시흥동 땅 위에 13평 규모의 초가 예배당을 세웠다. 언더우드는 이렇게 시흥교회가 정식으로 예배당을 세우는 과정 가운데 목회자로서 교인들의 영적 상황을 돌보고 성숙시켜 주었다. 언더우드는 1904년 교회가 세워지는 순간부터 본국을 돌아가기 전인 1915년까지 시흥교회를 위해 수고하였다.

1960년대 말의 예배당(원두우 그 섭리의 발자취)

3. 민주적 교회로 나아가다

언더우드가 미국으로 돌아간 뒤, 시흥교회는 어떻게 되었을까. 이와 관련하여 1968년 한국교회사학회의 편집으로 연세대학교 출판부에서 발행된 『조선예수교장로회사기(하)』는 다음과 같이 기록하고 있다.

[1917년] 12월 4일 경성 안동(安東)교회에서 개최한 제13회 노회에서 … 목사 차재명(車載明)은 고양 세교리(細橋里), 시흥(始興), 영등포(永登浦), 양평리(陽坪里)교회에 전입시무하게 하다(『조선예수교장로회사기(하)』, 62).

서울 안동교회에서 개최된 제13회 경기충청노회(京畿忠淸老會)에서 차재명 목사가 시흥교회의 담당자로 파송을 받았다. 사실 그보다 1년 앞선 1916년 9월, 그는 시흥교회 외에도 세교리, 즉 오늘날의 서교동교회와 영등포교회, 양평리교회 등을 맡아 돌보게 되었다. 즉 경기 서편 시흥군과 김포군 등을 전반적으로 책임지게 되었던 것이다. 1916년 11월 22일에는 차재명 목사가 사회를 보며 처음으로 준(準) 당회를 개최하였다. 이때 초기 교인인 이성문을 영수로, 임희서를 집사로 임명하고, 저녁예배 시에는 세례와 성찬식을 거행하였다. 이 시기에는 특히 김기현 조사가 차재명 목사를 도와 시흥교회를 위해 힘썼다. 여기에 더하여 1917년 8월에는 쿤스(E. W. Koons) 선교사가 언더우드의 역할을 이어받아 시흥교회를 맡아 관리했다.

1922년에는 주일학교가 시작되어 미래 세대를 향한 본격적인 신앙 교육이 이루어졌다. 또한 1930년에는 양동익 전도사가 부임하여 시무했는데, 그는 이듬해인 1931년 장로 장립을 받으며 시흥교회가 발전하는 과정 가운데 주요한 역할을 담당하였다. 비록 일제강점기라는 시대적 아픔으로 인해 교회가 크게 성장하고 발전하는데는 여러 제약이 많았다. 그럼에도 이 당시 목회자와 30여 명의 교인들 모두는 믿음을 잃지 않고 시흥 지역의 복음화를 위해 힘써 나갔다.

1945년, 우리 민족이 해방을 맞이하면서 우리 교회도 안정적 발전의 기틀을 마련하고자 했다. 특히 1945년 5월 13일, 적산 부지였던 신사(

神社) 터 약 4,000평을 미군정청과 교섭 끝에 얻을 수 있게 되었다. 이때 남궁혁 목사와 송기억 목사 등이 시흥교회와 미군정청 사이의 가교역할을 해주었다. 그런 다음 두 달 뒤인 7월, 이 대지(현 위치)에 예배당을 세우기 위해 온 교우가 힘을 합하였다. 교인들은 예배당 건축을 위해 기와와 목재 등을 모아 옛 신사 터를 정리하고, 시흥역 근방의 창고를 매입하여 생긴 자재와 각자 집에 있는 목재, 인근 벽돌 공장에서 벽돌을 얻어 건축을 진행해 나갔다. 그 결과 30평 규모의 예배당을 신축할 수 있었다. 이후 김영한 목사, 차관영 목사, 박종근 목사가 부임하여 교인들의 영적 상태를 돌보며 교회를 이끌었다.

그런데 2001년 하반기부터 교회 내 개혁을 위한 몸부림으로 구성원들 모두가 상처와 아픔을 겪기도 했다. 그럼에도 온 교우들은 시흥교회의 성장과 성숙을 원하며 어려운 과정을 슬기롭게 극복하고자 노력했다. 그 결과 시간이 지나면서 시흥교회는 민주적이고 모두에게 열린 교회로 성숙을 이뤄나갈 수 있었다. 이후 방수성 목사, 이주영 목사, 김형일 목사 등이 부임하여 오늘날에 이르고 있다.

4. 전통과 변화의 균형

오늘날 시흥교회는 ① 예배와 양육의 가치를 높이는 교회, ② 함께 웃고 함께 우는 교회, ③ 지역사회를 섬기는 교회, ④ 다음 세대를 선도하는 교회, ⑤ 전통과 변화의 균형을 가지는 교회 등 총 5가지의 비전을 품으며 신앙공동체를 꾸려 나가고 있다. 이 가운데 다섯 번째 항목, 즉 '전통과 변화의 균형을 가지는 교회'와 관련해서는 전통적인 것만이 지니는 가치를 존중하면서도 시대에 맞춘 변화를 동시에 추구하고자 노력하는 중이다. 여기서 시흥교회의 전통은 바로 언더우드의 정신과 그 가치와도 맥을 함께 한다고 볼 수 있다.

시흥교회는 교회의 전통을 지켜 나가기 위해서 이른바 '디지털 교회 역사관'을 운영하고 있다. 역사관장의 직임을 맡고 있는 박승직 장로는 이와 관련하여 다음과 같이 말한다.

가난과 질병 또 꿈과 소망과 미래가 보이지 않아 어둡고 암울했던 조선 말기 언더우드(원두우) 선교사를 통하여 새문안교회를 세웠다. 그곳에서 최초의 전도인인 도정섭, 윤상덕의 전도를 통해 농촌 마을 시흥골 탑골에 있는 배경무사 사가에서 1904년 이성문과 배정자 외 이름을 알 수 없는 수인이 하나님 앞에 첫 예배를 드림을 시작으로 110여 년을 넘게 지내오고 있다. 일제 치하 36년에 광복과 더불어 6.25동란, 4.19와 5.16, 그리고 크고 작은 정세의 변화 또 근래 교회 내분으로 겪어야 했던 엄청난 시련 속에서도 흔들림 없이 역사를 훼손당하지 않고 보전하여 온 것은 그동안 시흥교회를 거쳐 간 수많은 믿음의 선조들을 하늘보좌 위 천국 백성으로 삼으셨으며 그들이 흘린 기도와 눈물과 땀방울을 통하여 이루어낸 증거라 할 것이다(교회 홈페이지 참조).

1885년 4월 5일 부활절, 이 땅에 발을 디뎠던 언더우드의 소망은 19년이 지난 1904년 시흥 땅에서 하나의 열매를 맺었다. 시흥교회는 지금도 그때 이뤄온 언더우드의 정신을 잊지 않고 있다. 그 정신을 계승하고자 하는 열심과 노력이 있었기 때문에 지난 역사 속에서 어떤 상황을 겪더라도 풍파에 꺾이지 않는 굳센 믿음을 지켜올 수 있었다. 언더우드의 정신과 그 유산은 시흥교회의 과거를 지나 오늘에 이르고 있고, 앞으로의 미래 세대에게도 전달될 것이다.

오늘날의 시흥교회 전경

참고문헌

1. 시흥교회 홈페이지. https://www.shpc.or.kr.

2. 『한국민족문화대백과사전』 (인터넷 홈페이지). https://encykorea.aks.ac.kr.

3. 차재명 편. 『조선예수교장로회사기(상)』. 조선기독교창문사, 1928.

4. 한국교회사학회 편. 『조선예수교장로회사기(하)』. 연세대학교 출판부, 1968.

5. 『원두우, 그 섭리의 발자취』. 새문안교회, 2007.

신사동교회

서울특별시 강남구 논현로152길 20, 한국기독교장로회

1. 모래밭에서 피어난 복음의 꽃

신사동교회가 최초로 위치했던 곳의 정확한 지역명은 경기도 광주군 언주면 신촌리였다고 전해진다. 1914년 경기도 행적구역 상 신촌(新村)과 사평(沙坪)을 병합해 그 앞글자를 따서 신사리(新沙里)라고 하였다. 그리고 이 신사리는 경기도가 아닌 서울특별시로 1963년 편입되어 신사동이 되었고, 1975년부터 서울시 강남구에 속하게 되었다. 그리고 신사동 일대는 한강의 침식 및 퇴적작용으로 인해서 평탄한 충적층을 이루고 사질토가 풍부해 뽕나무를 키워서 하는 양잠이 성행하였다.

조선 후기 사평장은 말죽거리를 끼고 상업의 중심지로 성장하여 전국 15대 장에 속하기도 하였다. 특히 많은 도로망이 연결되고, 수상로뿐만 아니라 한양과의 접근성이 좋아 장날이 되면 늘 인산인해를 이루게 되었다.

언더우드와 아펜젤러는 서울에 정착하여 본격적인 선교사역을 시작하게 되었다. 이 때 언더우드는 한강변에 방가로를 만들어 휴양지로 쓸 계획을 추진하면서 이 별장을 만들 부지를 에비슨 박사, 그리고 밀러 목사와 함께 구입하였다. 언더우드 선교사의 부인의 기록에 따르면 이 방갈로로 만들어진 별장은 선교사들이 분주한 선교사역에서 잠시나마 피정할 수 있는 휴식의 공간이었고, 서울 외곽의 복음 선포의 기지였으며, 아이들의 놀이터이기도 했다.

2. 네비우스 선교정책의 한 사례

신사동교회의 시작은 가난한 농부 출신인 유제학(柳濟學)의 발걸음에서 시작되었다. 1869년에 태어난 그는 한 때 보부상으로 전업하여 생계를 이어나가게 되었고, 후에는 동학농민항쟁에 참여한 전력으로 인해 피신해야 하는 상황에 빠지게 된다. 이 때 유제학은 언더우드 선교사의 한남동 별장에 숨어들게 되었고, 여기서 언더우드 목사의 권유로 복음을 받아들이게 되었다. 그리고 그 이름을 유성칠(柳星七)로 개명하였다. 신사동교회 백년사에 기록된 그의 손자의 전언에 따르면 그 이름은 요한계시록에 기록되어 있는 하나님의 교회를 상징하는 일곱 별에서 따온 것이라고 한다.

언더우드의 전도로 인해 복음을 받아들이고 성칠이라고 개명까지 한 유성칠은 이후 신사리의 본인의 집에서 모임을 시작하였고, 동네 주민인 이상문, 이의근, 그리고 여종의 세 사람을 예배에 초대한다. 이 이야기는 『조선예수교장로회사기(상)』 83쪽에 기록되어 있다. 이 기록에 따르면 1901년 광주군 신사리교회가 창립되었고 이 교회는 언더우드 선교사가 전도한 유성칠이 시작하였고, 창립멤버로는 이상문, 이의근, 여흥창(종익)이었다. 『새문안교회 100년사』 109쪽에도 1901년 광주군 신사리에 언더우드와 유성칠의 전도로 신사리 교회를 설립했음을 표로 명시하고 있다.

신사동교회는 유성칠의 거처에서 마을 사람들이 모여 예배를 드리며 시작되었다. 물론 처음에는 제대로 된 예전이나 조직이 있을리 없었다. 오로지 성령님의 임재하심을 간구하며 모였던 신사동교회의 최초의 20 여명의 성도들은 언더우드 선교사의 설교와 지도로 비로소 초기 형태의 교회를 이루어 갈 수 있었다.

그리고 1905년 3월 신사리 200번지의 땅 위에 20평의 교회당을 봉헌 하여 비로소 지역교회의 형태를 띄어갈 수 있었다. 이 예배당의 부지는 이상문 성도가 기증한 것이었고, 교회는 단층 직사각형의 한옥으로 건 축되었다. 예배당 내부에는 지붕을 떠받치는 네 개의 기둥에 있었고 이 기둥들을 이어 흰색 광목이 쳐지게 되면서 자연스럽게 남자 성도와 여 자 성도의 경계로 사용되었다. 아직까지 남녀유별의 유교적 문화와 질 서가 존중받던 구한말의 시대상을 그대로 반영한 듯 한다. 그리고 건물 오른쪽 귀퉁이에는 나지막한 종탑을 세워 종에서 울리는 복음의 소리가 신사리에 퍼지게 되었다.

이 예배당의 건축은 선교사의 도움이 없이 신사리 지역의 교인들의 헌신으로 이루어진 것이었다. 이는 네비우스 선교정책, 즉 설립된 교회 는 자치(自治), 자립(自立), 자전(自傳)해야 한다는 중국 선교사 네비우스 의 제언으로 시작된 선교 방법이었다. 외부의 도움에 기대지 말고 스스 로의 힘으로 예배당을 건축하고 교회를 운영하며 지역 사회에 맞는 문 화적 방식으로 선교를 해야한다는 원칙이었다. 어찌보면 신사동교회의 새 예배당 건축은 중국 선교사 네비우스가 오랜 선교활동 중에 깨달았던 내용들을 충실히 실행한 사건이라고 설명될 수 있다.

이렇게 새로운 예배당을 스스로 헌당한 신사동교회는 1912년 3월 최초로 유성칠 성도를 장로로 청원하여 노회의 허락을 받게 된다. 그리고 유성칠 장로와 신사동교회 당회장이자 노회 시찰의원인 밀러 선교사의 참여로 신사동교회의 첫 당회가 구성되기에 이른다. 비로소 당회가 조직된 신사동교회는 1907년부터 조선을 휩쓸었던 부흥의 열기와 교인들의 헌신적인 전도에 힘입어 1916년 교인 수가 128명에 이르렀으며 이 때부터 외지 즉 해외에 선교비를 보내기 시작하였다. 특히 이 선교비가 보내진 지역은 북간도지역으로 이 지역은 이주 한인들의 교회설립과 독립운동이 활발하게 이루어진 지역이었다. 이제 자립-자치-자전으로 세워진 지역교회가 해외의 신앙공동체를 섬기는 교회로 성장한 것이다. 네비우스 선교정책의 좋은 예라고 평가할 수 있을 것이다.

초기 기와로 지어진 신사동교회(신사동교회 제공)

3. 시련의 시대를 넘어 새로운 정체성을 찾아감

　일제강점기 말 태평양 전쟁으로 조선의 모든 물자가 징집되고 심지어 교회의 종과 밥을 먹기 위한 식기들도 무기를 만드는 데 동원되었다. 대중들의 삶은 더 피폐해져갔고, 내선일체의 정책으로 인해 조선인들은 부모님이 주신 이름도, 그리고 조상 대대로 이어져온 나랏말도 맘대로 쓰지 못하는 상황에 내몰리게 되었다.

　이러한 착취의 시기에서도 신사동 교회의 교인들은 자립의 정신을 고수하며 복음의 수호와 전파에 만전의 노력을 기울여나갔다. 특히 여신도들의 자발적 헌신은 교회의 재정수입과 운영에 큰 보탬이 되었다. 여신도들은 모든 식량이 징집되던 시대에서도 성미를 모아 이를 봉헌하였고, 이 성미들을 팔아 교역자들에 대한 사례와 교회 운영에 사용하였다. 이렇게 교인들의 복음 수호와 전도에 대한 열정은 일제 강점기 말기 시련을 극복해나가는 큰 동력이 되었다.

　해방 후 농촌의 어려운 상황을 목도한 조향록 목사는 교회를 중심으로 의료사업과 교육사업을 전개하는 기독교적 이상촌 건설을 비전으로 뿜고 이를 위해 선린형제단(善隣兄弟團)의 도움을 받아나갔다. 또한 1947년 12월에는 농한기에 신사동교회의 청년들을 대상으로 실시하는 농촌복음농민학교를 개설하기도 하였다. 여기서의 교육을 통해 보다 효과적인 농업활동을 지향하고 부흥회들을 통해 청년들을 복음으로 무장시키고자하였다.

가난과 문맹을 이겨내고자 하는 이러한 처절한 노력이 이루어지던 와중에 1950년 한국전쟁이 발발하였다. 전쟁의 여파로 신사리 지역의 거의 모든 건물이 잿더미로 변했지만 오로지 교회 본당 건물과 사택은 화를 면할 수 있었다. 그렇기에 교회 건물은 곧 지역주민들을 위한 수용소가 되어 함께 숙식을 해결하는 장소가 되었고 점차 교회 건물 주변에 임시로 거처들이 하나 둘 모습을 드러내기 시작하였다. 또한 정전 후 2년이 지나면서 피난을 떠났던 교인들이 돌아오면서 교회는 전쟁 전의 모습을 점점 회복해갔다.

전후 신사동교회의 가장 큰 변화는 바로 새로운 교단 정체성을 갖게 되었다는 것이다. 1955년 신사동교회는 기존 '대한예수교장로회'에서 '한국기독교장로회'라는 새로운 교단에 가입하게 된다. 이는 일제강점기 말부터 한국전쟁 시기까지 신사동교회를 담임한 목회자들 모두가 조선신학교 출신이었기에 목회자들의 신학적 성향에 따라 자연스럽게 교회가 기장 교단으로 정체성을 규정하게 된 것이었다.

1968년 경부고속도로의 건설이 시작되어 1970년 완공되면서 서울과 부산을 잇는 경제의 대동맥이 뚫리게 되었다. 이와같은 경사스러운 일 이면에서 부동산과 관련된 크고 작은 소동들이 강남일대에 벌어지게 되었고, 이 여파는 신사동교회에까지 이르게 되었다. 물론 교인들 사이의 부동산 문제와 이와 관련된 법적 다툼이 가장 큰 원인이라고 할 수 없겠지만 교인들 사이의 신앙노선의 갈등, 목회자에 대한 인식 차이 등이 결국 부동산과 관련된 문제로 증폭되면서 신사동교회의 분열이 일어나게 되었다. 총 30여명의 신사동교회 교인들이 이탈하여 합동 교단의 영동중앙교회를 개척하게 되는 일이 일어나게 된 것이다.

분열의 여파에도 불구하고 신사동교회는 남녀 전도회의 놀라운 헌신과 전도의 노력으로 1980년에는 교인 수 2,000명으로 부흥하게 되었다. 이에 예배공간이 부족하여 본당 지하의 교육관에 영상을 통해 예배를 드릴 정도로 예배당은 인산인해를 이루었다. 교회는 양적으로도 성장하였지만 한 편 구제와 지원에도 아낌없는 헌신을 이어나갔다. 또한 포이교회와 신광교회를 개척하여 강남지역의 복음전파에도 최선의 노력을 경주하였다.

교회의 성장은 교회 각 기관의 정비와 확장으로 이어지게 되었다. 특히 다음 세대를 위한 신앙교육이 더욱 더 활발해지게 되었는데, 기존의 주일학교 체제에서 좀 더 확장된 어린이교회학교로 정비되었고, 중고등부 학생회는 문학의 밤과 같은 행사를 통해 지역 사회와 소통하며 청소년들의 영과 마음의 안식처가 되었다.

매주 30명의 새신자가 등록하고 지역의 여러 교회에서 지원을 요청할 정도로 지역사회의 주도적인 교회로 자리매김하려는 찰나 교회는 다시 분열의 소용돌이에 빠져버리게 된다. 김인호 목사와 당회원들 사이의 장로장립에 대한 의견차이, 집사들의 장로들에 대한 불신임의 내용을 담은 연판장 사건, 전도사의 예배 방해사건들이 줄줄이 벌어지게 되면서 결국 김인호 목사가 사임하게 되고 그를 따르던 170명의 성도들이 1980년 12월 28일 성수대로 학동 지역에 위치한 호다방에서 따로 예배를 드리게 되면서 교회가 분열된다. 분립한 교회는 현재 동광교회가 된다.

4. 자발적 헌신의 선교공동체로 거듭나다.

초창기 예배당의 건축에서부터 네비우스 선교사의 지립-자치-자전의 선교방법을 충실히 수행했던 신사동교회는 지역에서의 복음전도 뿐만 아니라 한반도를 넘어 북간도의 예배공동체를 후원한 역사가 있다. 이제 21세기를 맞이하면서 신사동교회는 아프리카와 인도 그리고 동남아 지역까지 후원물자와 후원금을 보내면서 선교하는 교회, 구제하는 교회로 거듭나게 되었다. 특히 고난의 행군 시기 식량난으로 신음하던 북한 주민들에게 쌀을 보내는 운동을 전개하기도 하면서 하나님 사랑, 이웃 사랑의 본을 보이고 있는 것이다. 이렇듯 신사동교회는 123년의 역사를 통해 하나님의 성전의 기둥을 타고 내려온 물 한방울 한방울이 모여 생명이 요동치는 바다와 같은 물을 이루게 될 것이라는 에스겔 선지자의 환상을 보여주는 듯 하다. 언더우드에 의해 복음을 받아들인 한 사람이 다른 한 사람 한 사람을 만나 모래밭을 복음으로 일구고 그 밭의 열매를 세계로 확장시켜나가는 이야기를 지금도 써내려가고 있는 것이다.

현재 신사동교회의 모습(신사동교회 제공)

참고문헌

1. 노경일. "현장을 찾아서: 역사와 교회 (44): 일어나 함께 가는 신앙공동체-신사동교회." 「새가정」, 1997년 1월.

2. 신사동교회. 『신사동교회 100년사』. 신사동교회, 2002.

3. 윤경로. 『새문안교회 100년사』. 새문안교회 창립 100주년 기념사업회, 1995.

4. 한국기독교역사연구소 편. 『조선예수교장로회사기(상), (하)』. 한국기독교역사연구소, 2000.

5. 한국학자료통합 플랫폼. "신사동." https://kdp.aks.ac.kr.

신산교회

경기도 파주시 광탄면 청계말길 46-13, 대한예수교장로회(통합)

1. 한반도 남북을 오가는 길목 위에 있는 새로운 산(新山)

신산교회가 위치한 경기도 파주시는 삼국시대에 대체로 고구려의 영토였던 곳이었다. 그러다가 통일신라시대와 고려 및 조선시대에 거쳐 계속 우리 민족의 영토로 존재했다. 1895년 고종 32년에는 부군(府郡)제 실시에 따라 파주군으로 개칭되어 한성부 관할 아래 놓이게 되었다. 그리고 1년 뒤인 1896년에는 13도가 설치되면서 경기도의 관할 지역으로 재편성되었다. 이른바 수도권으로써의 지리적 특징을 더욱 분명히 하게 되었던 것이다. 이후 수차례에 걸친 행정구역 조정 과정 뒤에 1983년 파주읍으로 개칭되었고, 1996년 시로 승격되어 오늘에 이르게 되었다.

예로부터 파주는 중국과 서울을 오가는 길목이었다. 이 말은 곧 수도 서울에서 중국을 오갈 때면 이 지역을 거쳐 가야 했다는 것을 의미했다. 그러한 의미에서 선교사들이 한반도 북부지역에 기독교 복음을 전하기 위해 서울에서 출발하면 대개 파주 지역을 지나가야 했다. 언더우드도 마찬가지였다. 선교 초기 언더우드는 몇 차례에 걸쳐 북방 지역을 다녀가곤 했는데, 그때마다 파주는 지나가던 길목에 있었기에 익숙한 곳이기도 했다. 특히나 파주는 서양인 언더우드가 보기에 생소하고 특이한 지점이 있었다. 대표적인 것인 대한민국 보물 제93호로 지정되어 있는 용미리 마애이불입상(龍尾里 磨崖二佛立像)이었다. 파주지역을 지나가다 보면 저 멀리 거대한 천연 암벽에 2구의 불상이 새겨져 있는 것을 볼 수 있었다. 자연석을 그대로 이용하여 조각한 이 불상은 특히나 신체적 비율과 그 균형이 맞지 않아 외국인에게 강렬한 인상을 남기기에 충분했다. 또한 우람하게 생긴 이 불상의 머리 위에는 돌갓을 얹어 동양 혹은 한국의 전형적인 특징을 느낄 수 있었다. 그래서 용미리 마애이불입상 밑 길을 지나다니던 언더우드에게는 더더욱 파주란 지역명이 익숙할수밖에 없었다. 물론 언더우드 외에도 구한말 이 땅에 들어온 많은 선교사들이 수도 서울에서 한반도 북부를 오갈 때 이곳을 지나갔다. 그리고 그들도 언덕 위에 세워진 2구의 불균형한 미학의 이 불상을 보며 이곳이 파주란 곳을 기억했을 것이다. 그런데 이곳 파주에 본격적으로 기독교 복음이 뿌려지고 그 씨앗이 싹트는 결과를 낳게 되었다. 20세기 들어서의 일이다.

2. 신산리에 뿌려진 복음의 씨앗

구한말 파주에 거주하는 이들은 앞서 설명한 대로 언더우드가 왕래하던 길을 이용하여 서울을 찾곤 했다. 그들이 서울을 방문하는 일은 대체로 이유가 있었다. 생필품을 구입하기 위해서였다. 그렇게 자신들의 생활필수품을 구입하고자 하는 목적으로 서울을 찾는 일이 잦았다. 서울을 오가던 중에 몇몇 사람들 가운데 파주 출신 이순호가 있었다. 그는 서울을 오가며 도성 안에서 복음을 듣게 된다. 생소한 이야기였지만 무언가 자신의 마음을 사로잡는 독특한 매력이 있다고 느꼈다. 그렇게 그는 기독교 복음을 받아들였다. 기독교인으로 변신한 그는 고향에 있을 때면 마을 사람들에게 자신이 전해 받은 기독교에 대해 알려주었다. 이 순호의 전도를 받고 마을 사람 중 기도경, 임봉준, 배영윤, 김경재, 송석현, 송태근 등이 복음을 받아들였다. 그리고 이들은 자신들의 마을에 신앙공동체를 세웠다. 1901년 3월 12일 마을 농가에서 예배를 드렸고, 이 신앙공동체가 오늘날 대원장로교회의 전신인 죽원리교회였다. 이른바 파주지역 최초의 장로교회였다.

언더우드는 파주 대원리 마을 주민들이 기독교를 수용하고 신앙공동체를 시작했다는 소식을 들었다. 자신이 한반도 북부지역을 여행할 때마다 자주 오가던 곳이다 보니 이곳에 기독교 신앙공동체가 세워졌다는 소식을 듣고 매우 반가워했을 것이라 생각된다. 소식을 들은 언더우드는 1903년 이곳을 방문하여 전도했고, 그 결과 교인들의 수는 증가하였다. 마을 주민들에 비해 매우 적은 수였던 교인들이 언더우드의 전도를 받은 결과, 50여명 증가했다. 그리고 임봉준 집사가 안수를 받기까지 했다. 늘어난 교인들 모두를 수용하기 위해 1905년에는 죽원 1리에 건평 20평의 목조식 초가예배당을 건축했다. 이곳의 신앙공동체는 최덕준(崔德俊)이 주도적으로 맡아 이끌어 나갔다. 이처럼 언더우드가 복음의 씨앗을 뿌리며 성장시켜 놓은 죽원리교회는 최덕준을 비롯한 한국인 지도자들의 손에 안정적인 토대를 지켜 나갈 수 있었다.

한편 교회에서 전해 내려오는 이야기에 따르면 언더우드가 파주 신산리(新山里)를 방문한 것은 1903년의 일이라고 한다. 다시 말해, 죽원리

를 찾았을 때와 비슷한 시기이다. 신산리를 방문한 언더우드는 이곳에
서도 기독교를 전했다. 그의 전도와 그 노력의 결과로 신산리에도 교인
들이 생기기 시작했다. 그렇게 신산리 305번지에 신앙공동체가 세워지
게 된 것이다. 이것이 바로 오늘날 신산교회의 출발이다. 이 점에서 신
산교회는 언더우드의 전도와 그 노력으로 비롯된 교회라 할 수 있다.

　그러나 신산리 305번지에 세워진 신앙공동체는 교회라 하기엔 부족
한 부분이 너무 많았다. 장로가 세워진 것도 아니었고, 지속적으로 누
군가의 영적 지도를 받을 수 있는 형편도 아니었다. 따라서 한동안은 앞
서 세워진 죽원리교회의 도움을 받으며 신앙공동체를 이어 나갔다. 그
러던 중 1912년 드디어 장로가 세워지면서 당회가 조직되고, 조직교회
로써의 본격적인 출발을 이뤄나갈 수 있었다. 한국교회사학회가 편집하
여 간행한 『조선예수교장로회사기(하)』에서는 신산리교회의 출발에 대
해 다음과 같이 기록으로 남겼다.

> [1912년] 파주군 신산리교회에서 최덕준(崔德俊)을 장로로 장립하여
> 당회를 조직하였고, 이성겸(李聖謙), 윤익건(尹益健) 등이 인도자가
> 되다. 양주군 봉화현교회에서 강필순(姜弼淳)을 장로로 장립하여
> 당회를 조직하였고, 최영운(崔永雲)(면직), 이강원이 서로 계속
> 이어받아 장로로 시무하였고,... (『조선예수교장로회사기(하)』, 70).

죽원리교회의 중심적 인물로 신앙공동체를 이끌던 최덕준 장로가 이

곳 신산리로 건너와 교인들의 영적 생활을 돌보았다. 그러면서 최덕준 장로의 활동반경이 자연스럽게 죽원리에서 신산리로 이동하게 되었다. 그리고 그가 장로로 세워지면서 당회가 조직되었던 것이다. 그렇게 신산리교회가 역사 속에 당당히 그 실체를 드러냈다.

한국전쟁 기간의 신산교회 찬양대(새문안교회 홈페이지)

3. 아픈 뒤에 성숙과 안정의 길로

1912년 당회가 조직되었다는 사실을 분명히 밝히면서 신산교회는 한층 발전할 수 있는 기틀을 마련한 듯했다. 그러나 안타깝게도 신산교회는 당회 조직 이후 많은 우여곡절을 겪으며 안정된 기반을 지속해 나가지 못했다. 이 부분과 관련하여 『조선예수교장로회사기(하)』은 다음과 같이 이야기하고 있다.

[1916년] 파주 신산리(新山里), 양주 이문동(里門洞) 양
교회는 폐지하고 장로 최덕준은 영등포교회 장로로, 장로
정윤수(鄭允洙)는 지새울교회 장로로, 장로 이강원(李康原)은
봉현교회 장로로 이주하고... (『조선예수교장로회사기(하)』, 61).

위에서 이야기하는 것처럼 정확한 이유는 알 수 없지만 신산교회는 신
앙공동체로써의 성격을 지속적으로 유지해 나갈 수 없었다. 그래서 당
회를 조직하고 4년 뒤인 1916년, 교회 문을 닫게 되는 아픔을 겪었다.
신산교회의 장로로 세워졌던 최덕준 장로는 파주를 떠나 영등포교회로
소속을 옮겼다. 신산교회는 다시 장로가 없고, 당회 성립되지 못하는 상
황을 맞이했다.

그렇게 지도자 없이 오랜 시간 방치된 상태로 놓이게 되었다. 그러다
가 교회의 전해 내려오는 이야기에 따르면 1935년 이규언 목사가 부임
하여 다시금 온전한 신앙공동체로써의 모습을 갖추게 되었다고 한다.
그러나 신산교회가 재건된 이후의 일부 역사는 실증자료를 통한 고증과
검토가 필요하다. 아마도 『조선예수교장로회사기(하)』을 참고해 볼 때,
재건 시 부임한 목회자는 이규언 목사가 아닌 이규원(李圭元) 목사일 것
으로 추정된다. 그리고 2년 뒤에는 1918년 내한하여 경기 중앙구역 시
찰목사로 활동했던 코엔(R. C. Coen) 선교사가 각 지역을 순회하면서
신산교회를 돌보았다. 그리고 1940년엔 김홍신 목사가 부임하여 신산
교회의 성장과 발전을 위해 힘썼는데, 이 시기에 김인석, 김성룡, 김경

서 세 사람이 장로로 임직하며 함께 했다.

1945년경에는 내화산 근처에 있는 신산4리, 즉 오늘날의 조리면 화산(花山) 지역으로 교회를 지어 이전했다. 이른바 신산교회의 화산 시대를 전개해 나간 것이다. 이 시기에는 김두석, 최중해, 김아열 목사가 부임하여 교인들의 영적 상황을 돌보았다. 이 가운데 김아열 목사 재임 시에는 김중건 전도사가 잠시 부임하여 담임자를 보좌하면서 교회 성장에 힘을 보태었다.

1954년에는 화산동에서 재차 신산리로 교회를 옮겼다. 전해내려오는 이야기에 따르면 이 부지는 오늘날의 광탄중앙교회 자리로 원래 김씨 문중 소유의 땅이었지만, 당시 신산교회에 출석하던 교인(박정희 권사)가 신산교회에 기증했다고 한다. 교인들의 열정적 헌신과 봉사 등으로 인하여 교회는 일단 발전의 기틀을 마련할 수 있었다. 그러나 목회자의 잦은 교체로 인해 커다란 성장을 이루기엔 어려움이 많았다. 박성록, 장일형 목사가 이곳에 부임하여 목회했지만 거의 1년마다 다른 곳으로 떠나갔기 때문이다. 그러나 1957년 차길원 목사가 부임하고 약 4년간 목회하면서 변의섭, 김선택 장로 등 평신도 지도자가 세워져 신산교회의 성장을 위해 함께 힘썼다. 이어 1961년 1월 차길원 목사가 사임과 동시에 최연풍 목사가 부임하여 안정적 기틀을 마련하고자 했지만, 그는 3개월밖에 시무하지 못했다. 교회가 나뉘게 되었기 때문이었다. 즉, 교회는 신산교회와 광탄중앙교회로 나뉘었다.

교회가 나뉘는 등 어려움의 시간이 지속되고 있던 상황 속에서 1964년 1월, 차길원 목사가 다시 신산교회에 부임하게 되면서 교회는 차츰 안정을 되찾게 되었다. 이후 김병일, 허광, 유영덕, 최운기, 노기진 목사 등이 부임하여 오늘에 이르고 있다.

오늘날의 교회전경(신산교회 제공)

4. 작지만 강한 역사적 자부심을 가진 교회

신산교회는 대한예수교장로회 통합 측 교회로 오늘날 파주시 광탄면에서 신앙공동체의 역사를 이어나가고 있는 중이다. 100여 명 규모의 면소재지 교회이기에 여타 도시 교회와 비할 때 그 역량이 그리 크지는 않다. 그럼에도 불구하고 신산교회는 이른바 시골교회로써의 장점을 누구보다도 강조한다. 이른바 시골의 정이 교회 안에 넘친다고 자부하기 때문이다. 더불어 장로교회의 개척 선교사 가운데 한 명인 언더우드로부터 시작되었다는 사실도 큰 자부심 가운데 하나이다. 물론 도시에 있는 교회들과 비교할 때 절대적으로 적은 인원과 많지 않은 재정 상황으로 인해 특별히 설립에 공헌했던 언더우드를 기념하는 사업은 꾸준히 전개하기 어려운 형편인 듯하다. 그러나 목회자를 비롯하여 교인들 모두는 이곳 파주에 기독교 복음의 씨앗을 뿌린 언더우드를 진정 기억(remembrance)하고, 기념(commemoration)하려 한다. 그렇게 파주 광탄면에 자리 잡은 신산교회 안에 지금도 언더우드의 정신은 100여 년간 변함없이 이어져 내려오고 있다.

참고문헌

1. 『한국민족문화대백과사전』(인터넷 홈페이지). https://encykorea.aks.ac.kr.

2. 차재명 편. 『조선예수교장로회사기(상)』. 조선기독교창문사, 1928.

3. 한국교회사학회 편. 『조선예수교장로회사기(하)』. 연세대학교 출판부, 1968.

4. 『원두우, 그 섭리의 발자취』. 새문안교회, 2007.

양평동교회

서울 영등포구 양평로 20길 7, 대한예수교장로회(통합)

楊坪洞

1. 버드나무가 가득한 벌판(楊坪)

양평동(楊坪洞), 이 마을은 나루터였던 오늘날 서울의 양화진 근처 벌판 가운데 조성된 마을이란 의미가 지역명 속에 담겨 있다. 한자를 한 글자씩 보더라도 '버드나무 양'(楊)은 해당 나무가 많았던 양화진을 지칭하며, '평평할 평'(坪)은 말 그대로 벌판을 의미한다. 버드나무가 많은 벌판 속에 세워진 마을, 그 마을이 바로 양평동이란 지역명에서 살펴볼 수 있는 유래이다. 그렇다 보니 일찍이 경치가 뛰어나 중국에서 사신들이 서울에 들어오면 이곳에서 뱃놀이를 즐겼다고 한다. 또한 고위 관료들의 별장도 세워져 나름 그들의 여가를 즐기는 곳으로 알려진 곳이 바로 양평동이었다. 한편 조선시대 수도 서울과 접한 한강을 오가는 주요한 길목이다 보니 송파나루, 한강나루와 함께 조선시대 주요한 군사적 요충지이기도 했다. 또한 한강을 오가는 수많은 배들이 이곳에 들렀기 때문에 이른바 서민들의 삶과 그 숨결을 가까이 느낄 수 있는 곳이었다.

구한말 이곳은 행정구역상 시흥군 상북면 양평리였다. 그러다가 경기도 시흥군 북면 양평리로 변경되었다. 그러다가 일제강점기인 1931년 시흥군 영등포읍 양평리로, 1936년에는 서울, 즉 경성부에 편입되면서 양평정(町)이 되었다. 이어 1941년에는 영등포구에 속하고, 해방을 맞은 1946년에는 기존 일본식 지명을 삭제하고 양평동으로 변경되었다. 오늘날 서울 영등포구 서북 끝에 위치한 양평동은 서쪽으로 안양천을 경계로 하며 양천구 목동, 북쪽은 한강을 경계로 마포구 망원동, 동쪽에는 당산동, 그리고 남쪽은 문래동과 접해 있다. 이와 같은 지역의 역사와 유래를 갖고 있는 양평동에 복음의 씨앗이 뿌려졌다. 바로 1885년 4월 5일 부활절, 이 땅을 밟은 언더우드 선교사의 손길로부터 시작했던 것이다.

2. 양평리에 세워진 복음의 결실

언더우드 선교사는 서울 외곽을 왕래하던 1890년대 중반, 사람들에게 전도하며 그들을 새문안교회로 인도하였다. 그러나 교통이 원활하지 않던 그 당시 사대문 밖에 거주하던 이들이 매번 새문안교회가 세워진 곳까지 찾아와 신앙 생활하기에는 어려움이 많았다. 그리하여 언더우드 선교사는 1895년, 사대문 밖 잔다리 마을에 예배당을 지었다. 처음에 여덟 가족이 모여 예배를 드린 이 교회가 잔다리교회, 즉 오늘날 서교동교회의 전신이다. 그런데 이 신앙공동체에 영등포와 양평리에서도 몇 사람이 양화나루에서 배를 타고 건너와 출석하곤 했다. 시간이 지나다 보니 매번 양화나루까지 걸어가 배를 타고 잔다리교회에 출석하는 일도 쉽지 않았다. 당시 영등포와 양평리에도 거주자들이 많았고, 그 가운데 신앙을 갖게 된 이들도 늘어난 상황이었다. 그렇다 보니 특히 영등포 지역에서 먼저 예배 처소를 설립하고자 하는 움직임이 일어났다. 그렇게 1903년 3월초, 8명이 허학서의 집에 모여 예배를 드리기 시작했는데, 이 교회가 오늘날 영등포교회의 출발이었다. 이처럼 언더우드 선교사가 설립한 새문안교회에서 잔다리교회(서교동교회)가 세워지고, 여기에서 다시 영등포교회라는 신앙공동체가 이 땅에 세워질 수 있었다. 강 건너 교회가 설립되면서 영등포와 양평리 교인들은 그동안 예배를 드리기 위해 매번 강을 건너야 하는 불편함을 벗어나게 되었다.

그러나 더 나아가 양평리에 거주하는 교인들은 영등포 외에도 자신들의 마을 가운데 독자적인 교회 설립을 위해 기도하며 준비했다. 그만큼 양평리에 거주하는 교인들도 적지 않았다. 결국 양평리, 즉 오늘날의 양평동 지역에 신앙공동체가 세워졌다. 이와 관련하여 한국 장로교회의 초기 역사를 정리한 『조선예수교장로회사기(상)』는 다음과 같이 우리에게 알려주고 있다.

> [1907년] 시흥군 양평리교회가 성립하다. 처음(先是)에 해당 지역에 송유현, 이풍순, 이덕윤, 최영도, 송봉서, 김준기 등이 선교사 원두우[언더우드]가 파송한 전도인에게 복음을 받은 뒤, 영등포교회에 출석하더니 그곳에 신자가 점차 증가함으로 예배당을 건축하고 분립하니라(『조선예수교장로회사기(상)』, 187.)

양평리, 즉 양평동교회는 언더우드 선교사의 지원을 받아 해당 지역에 7간 규모의 기와집을 구입하고, 1907년 3월 3일 김준기, 송봉서, 송유현, 이풍순, 전순애, 이덕윤, 최영도 등이 모여 창립예배를 드렸다. 초기 교인 가운데 이풍순의 삼촌인 이중보 등 이씨 가문에서 예배당 구입을 위한 재정지원에 적극적으로 참여했다. 『양평동교회 110년사』(92

쪽)에 따르면 설립 당시 양평동교회의 행정구역상 소재지와 그 명칭은 아래와 같았다.

소재지: 경기도 시흥군 양평리 125번지
명칭: 조선야소(예수)교장로회 양평리 예배당
크기와 구조: 전체 7간(안방 1간반, 부엌 1간반, 마루 1간, 건너방 1간,
사무실 2간)

양평동교회 1907년 첫번째 예배당(왼쪽), 1926년 세 번째 예배당(오른쪽)

이처럼 언더우드 선교사가 뿌린 복음의 씨앗이 마침내 양평동에서도 그 결실을 맺게 되었다. 1911년 5월에는 언더우드 선교사가 순회하고 관리하며 기존 7간의 교회를 12간으로 증축하며 발전의 기틀을 마련해 나갔다.

그렇게 복음의 흐름은 언더우드의 손길에 의하여 새문안에서 잔다리와 영등포를 거쳐 양평동에까지 이르게 되었다.

3. 양평동 신앙공동체의 성숙과 발전

언더우드에 의해 세워진 양평동의 신앙공동체는 점차 발전하기 시작했다. 1914년에는 채핀(V. D. Chaffin) 선교사가 예배를 인도하며 구성원들의 신앙생활을 돌보았다. 그 가운데 1915년 11월 8일, 이춘경 장로가 장립되면서 장로교회의 당회 성립을 위한 기본 조건을 갖추게 되었다. 이어서 1916년 차재명 목사가 부임하고, 1917년에는 김준기 장로가 장립되면서 양평동교회는 명실상부한 한국인 목회자와 장로에 의해 이뤄진 교회로 기반을 다져나갔다. 1920년대에는 더 많은 한국인 지도자들이 세워져 양평동교회는 발전을 거듭할 수 있었다. 1920년 7월 13일, 송봉서 장로, 1921년 노경빈 장로가 장립되었고, 1925년 유재한 조사가 부임하며 맡은 역할에 힘썼다. 또한 한국인 목회자로는 김백원 목사와 이정로 목사가 각각 1922년과 1928년 부임하면서 1920년대 전반기와 후반기 목회에 나서며 지역 복음화에 힘을 기울였다.

그러나 1930년 들어 큰 어려움을 겪기도 했다. 1930년 12월 22일, 불의의 화재로 교회 건물이 전소되면서 교인들은 예배처소를 한순간 잃어버리는 아픔을 겪었다. 그러나 온 교우의 기도와 노력으로 2년 뒤인 1932년 5월 2일, 35간의 교회를 신축하면서 다시 일어설 수 있었다. 여기에 더하여 1939년 1월 5일에는 오늘날의 여전도회 전신이라 할 수 있는 부인회를 조직하며, 교인들의 결속력을 더욱 견고히 다져나갈 수 있었다.

한편 1930년대 양평동교회는 자립교회를 넘어 선교하는 교회로 커다란 발전을 이룰 수 있었다. 그 대표적인 예가 바로 교회 개척이었다. 전소되었던 예배당을 새롭게 건축하고, 1934년 차상진 목사가 부임한 뒤, 바로 그해 개화리교회를 개척했다. 그리고 1년 뒤인 1935년에는 당산동교회를 세우면서 양평동을 넘어 인근 지역에 복음의 씨앗이 확장될 수 있도록 선교적 교회의 모습을 보여주었던 것이다. 1940년대에도 신앙공동체는 계속 이어졌다. 1940년 1월 7일 김수일 장로가 장립되며 평신도 지도력이 더욱 두터워졌고, 박정동 전도사, 박화선 목사가 부임하여 교회와 교인들을 이끌어 나갔다. 그러나 일제강점기라는 시대적 특수성으로 인하여 교회 성장과 발전에 많은 어려움을 겪었던 것도 사실이다. 그럼에도 교인들이 신앙으로 한마음 한뜻을 모아 민족적 아픔의 시기를 지혜롭게 극복할 수 있었다.

해방 이후 청년면려회가 조직되면서 초대회장에 김수일 장로가 헌신했으며, 1948년 6월 18일, 노광준, 조복산, 송천길 장로 등이 장립되면서 두터운 평신도 지도력과 더불어 지역 사회에 탄탄한 기반을 계속 다져나갈 수 있었다. 이후 박한선, 김용준, 유재한, 이정학, 김규 목사가 목회하며 건강하게 교회를 이끌어 왔다. 2024년 현재는 김경우 목사가 위임목사로 시무하며 양평동 지역 복음화에 주어진 역할을 온전히 감당하고 있는 중이다.

4. 빛나는 교회, 소금 같은 교회

양평동교회와 언더우드 선교사는 떼려야 뗄 수 없는 관계 가운데 있다. 무엇보다도 언더우드 선교사의 기도와 헌신에 의해 세워진 공동체이기 때문이다. 그렇다 보니 언더우드 선교사가 설립한 한국 장로교회의 모교회인 새문안교회와도 관계를 맺으며 해당 정신과 유산을 기념했다. 대표적으로 2007년 4월, 새문안교회 초청예배를, 그해 11월에는 언더우드 선교사 합동 추모예배로 새문안교회에 방문하여 예배를 드리기도 했다. 또한 2009년 3월, 정오봉 집사와 서정순 권사의 헌물로 언더우드 선교사 기도비를 세웠다. 2016년 7월에는 새문안교회에서 전교인수련회를 개최하며 상호 교류와 협력을 장을 마련했다. 무엇보다 같은해 12월 15일에는 언더우드 느티나무 십자가를 본당에 설치하며, 우리 교회의 신앙적 유산과 전통이 언더우드 선교사에 의해 비롯되었음을 온 교우가 공유할 수 있게 되었다.

한편 양평동교회는 전형적인 지역교회를 표방한다. 양평동 지역사회 속에서 빛나는 교회가 되길 소망하고, 동시에 소금과 같은 역할을 감당하기를 추구하고 있다. 그것은 110년의 역사 속에서 줄곧 관통됐던 양평동교회의 정신이었다. 그리고 이것은 오늘날에도 마찬가지다. 양평동교회는 교회 홈페이지의 교회소개란을 통하여 자신들의 정체성을 아래와 같이 분명히 밝히고 있다.

> 110년의 역사를 지나 지역사회와 함께 새로운 세기를 향해 발돋움하며 지역사회를 섬기는 일에 앞장서 온 양평동교회. 지역사회의 든든한 주춧돌로 자리매김해 온 양평동교회는 설립초기부터 외롭고 소외된 이웃들과 함께 하는 사명을 감당하는 일에 총력을 기울이고 있습니다. 교회가 본연의 역할을 하지 못하는 오늘의 현실 속에서 양평동교회는 '세상의 빛과 소금'의 역할을 감당하기 위해 최선을 다하고자 합니다(양평동교회 홈페이지).

세상의 빛과 소금이 되고자 소망하는 양평동교회의 정신은 어디에서부터 왔을까. 바로 설립자 언더우드 선교사라고 말할 수 있을 것이다. 이처럼 언더우드 선교사의 신앙적 유산과 전통이 현재 대한민국 서울 영등포구 양평동에 살아 숨쉬고 있다.

양평동교회 전경

참고문헌

1. 양평동교회 홈페이지. http://ypdch.dimode.co.kr.

2. 『한국민족문화대백과사전』(인터넷 홈페이지). https://encykorea.aks.ac.kr.

3. 차재명 편, 『조선예수교장로회사기(상)』. 조선기독교창문사, 1928.

4. 양평동교회 역사편찬위원회 편.『양평동교회 110년사』. 양평동교회 역사편찬위원회, 2017.

5. 『원두우, 그 섭리의 발자취』. 새문안교회, 2007.

영등포교회

서울 영등포구 양산로 213, 대한예수교장로회(통합)

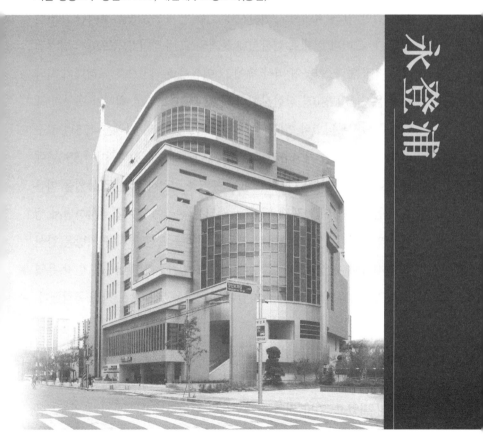

1. 많은 사람이 오가던 길목, 영등포(永登浦)

영등포는 대체로 낮은 해발의 평탄한 지역이다. 한강과 그 지류인 안양천에 인접해 발달한 평야 지대이다. 해발이 낮다 보니 예로부터 큰 비가 내리면 강물이 범람하여 큰 손해를 입곤 했었다. 또한 한강과 접하고 있으므로 자연스럽게 작은 배가 드나드는 포구를 형성하기도 했다. 한강변의 암사동에서 선사시대 주거지가 발견되었던 사실을 고려할 때 강과 접한 이 지역에서도 선사시대 인류가 거주했었을 것이란 개연성은 있다. 그러나 실제로 선사시대 문화와 그 유적이 영등포에서 발견된 적은 아직 없다. 이곳이 역사 속에 그 이름을 본격적으로 드러내기 시작한 것은 진국(辰國)과 삼한사회의 마한(馬韓), 그리고 백제가 초창기 세워졌을 당시부터였다. 한동안 백제의 영토였던 이 지역은 475년 고구려가 한강 유역을 차지하면서 그 통치 아래에 들어갔다. 이어 553년에는 신라가 고구려를 몰아내고 한강 유역을 점령하고, 삼국 통일을 이룬 뒤 새롭게 주인이 바뀌게 되었다. 신라는 전국에 9주를 설치하면서 행정구역을 정비하였는데, 이때 영등포 지역을 포함한 서울 지방은 한산주(漢山州)에 편입되었다. 그렇게 영등포에 거주하던 이들은 한강 유역을 차지하기 위한 삼국 간의 치열한 쟁탈전을 두 눈으로 직접 목격했다.

영등포 지역은 1914년 시흥과 과천, 그리고 안산군이 통합된 시흥군에 속했다. 3년 뒤인 1917년에 영등포리와 당산리, 양평리 지역은 영등포면이 되었고, 기타 지역은 북면으로 남았다. 1931년 다시 영등포읍으로 승격되고, 1936년 서울(京城)이 구역확장을 하면서 당시 서울명인 경성부에 일부 지역이 편입되었다. 일제강점기 영등포 지역에는 교통의 요지역할을 담당했다. 본래 일찍이 이곳은 양화나루를 건너 인천과 김포로 가는 배의 길목 역할을 했는데, 일제강점기에 경인선과 경부선 분기점에 위치하게 되는 지리적 특수성을 갖게 되었던 것이다. 그렇다 보니 각종 원료와 제품이 편이한 지역으로 알려졌고, 이러한 장점으로 인해 자연스럽게 공업지역으로 자리를 잡게 되었다. 공업지역과 교통의 길목이다 보니 이곳은 유동 인구가 상당히 많은 지역 가운데 하나였다.

이처럼 유동 인구가 많은 곳은 곧 선교사들이 관심을 두고 자주 오갔던 지역일 가능성이 있다. 영등포는 구한말을 거쳐 일제강점기, 바로 그러한 지역이었다. 마침 수도권 서부 지역으로 전도사업을 확장하고자 했던 선교사 언더우드(H. G. Underwood)는 이곳을 주목했다. 그리고 이곳에 기독교 신앙공동체가 세워지길 소망했다.

2. 언더우드가 보낸 손길에서부터

장로교회의 초기 역사를 정리한 차재명 목사는 1928년 조선기독교창문사에서 발행한 『조선예수교장로회사기』에 영등포교회 설립과 관련하여 다음과 같이 기술했다. 참고로 그는 언더우드가 내한하여 처음으로 설립한 새문안교회의 조사, 즉 전도사를 거쳐, 장로 장립을 받았으며, 1920년에는 2대 담임목사로 취임했다.

[1905년] 시흥군 영등포교회가 성립하다 처음에 선교사 원두우[언더우드]가 파견한 전도인 이용석, 이낙선, 송순명, 김경환, 윤상덕, 이춘경 등이 시흥 등지에 노력한 결과로 김상옥, 허학서, 손영준, 허학서, 고순익 등이 신자가 됨으로 교회가 성립되어 6간 예배당을 건축하니라(『조선예수교장로회사기』(상), 124).

앞서도 밝혔지만 영등포 지역은 1914년 시흥군에 속했다. 언더우드는 이곳에 이용석, 이낙선 등을 비롯한 전도자를 영등포에 파견하여 복음을 전하도록 했다. 그 노력의 결실로 김상옥, 허학서, 손영준, 허학서, 고순익 등의 신자 몇 명을 얻게 되었다. 그리고 이들을 중심으로 6간 규모의 예배당을 세우게 되었는데, 이것이 바로 영등포교회의 출발이라고 밝힌 것이다.

그러나 영등포교회의 시작은 이보다 좀 더 거슬러 올라가 살펴봐야 한다. 위의 역사책에 기록된 영등포교회의 창립 멤버 가운데 고순익에겐 양화나루 잔다리 지역에 거주하던 송한모에게 시집간 누나가 있었다. 그런데 그 누나가 잔다리에 세워진 교회(오늘날의 서교동교회)에 출석하게 되었다. 복음을 받아들여 기독교인이 된 고순익의 누나는 자신의 친정어머니인 박흥애를 전도하면서 모녀가 함께 같은 교회에 출석하였다. 이어 고순익도 앞서 교회에 출석하는 어머니의 전도를 받고, 1897년 12월 말부터 잔다리교회에 다니기 시작했다. 영등포에 거주하던 그는 매주 일요일 양화나루에 세워진 교회에 출석하며 신앙생활을 이어

나갔다.

　한편 잔다리교회에 출석하는 영등포 지역 거주자는 고순익 외에 몇명이 더 있었다. 허학서와 김상옥이 바로 그들이었다. 허학서는 영등포에서 농업에 종사하던 자였고, 김상옥은 연희동에서 거주하다가 영등포에 이사온지 얼마 되지 않던 자였다. 특히 김상옥은 이미 기독교 신앙을 받아들여 교회에 출석하고 있던 터였다. 즉 그는 언더우드가 정동에 설립한 새문안교회 교인이었다. 이들은 매주 일요일 양화나루를 건너 잔다리교회까지 가서 예배를 드렸다. 그러나 매번 교회를 오가기란 쉽지 않았다. 거리는 물론이거니와 갈대밭과 수수밭이 많아 이동이 불편했기 때문이다.

　이와 같은 고충을 갖고 있던 영등포 지역 교인들은 자신들의 거주지에도 예배당이 세워지길 소망했다. 그런 가운데 허학서가 자신의 집을 예배 처소로 제공하겠다고 제안했다. 마침내 언더우드의 인도 아래 1903년 3월 5일, 허학서, 고순익, 김상옥 등 총 8명의 교인이 허학서의 집으로 모였다. 이들은 허학서의 사택에서 약 1년간 예배를 드리며 신앙생활을 지속하였다. 이후 교인이 증가하여 더 이상 이곳에서 예배드리기엔 공간이 부족해졌다. 좀 더 넓은 장소가 필요했던 것이다. 그리하여 김상옥의 집으로 예배처소를 옮겼다.

　초창기 영등포교회가 설립되고 정착되는 과정에서 언더우드와 새문안교회의 도움이 컸다. 특히 언더우드는 송순명을 비롯한 새문안교회 출신들을 이곳에 보내어, 이 지역 신앙공동체가 뿌리내릴 수 있도록 힘을 보탰다. 이 당시 교인들은 대개 농업에 종사하는 가난한 농부들이었다. 그럼에도 이들은 점점 늘어나는 교인들을 수용할 수 있도록 새로운 예배당 건축을 계획했다. 서로 앞다투어 건축헌금을 드렸고, 혹 재정이 넉넉하지 못한 경우는 곡물 또는 헌물으로 바쳤다. 이러한 노력의 결과 1905년, 경기도 시흥군 하북면 영등포리에 양철지붕으로 된 6간의 예배당을 세웠다. 영등포교회의 첫 번째 예배당이었다.

첫 번째 예배당(원두우 그 섭리의 발자취)

3. 지역복음화에 일익을 담당하다

언더우드는 영등포교회가 지역에 뿌리를 내리고 안정적으로 성장할수 있도록 새문안교회의 인적 자원들을 이곳에 보내주었다. 그들의 헌신과 전도 열정으로 인해 교회는 급격히 성장할 수 있었다. 그 결과 1905년 첫 번째 예배당을 설립할 수 있었는데, 이로 인해 양평리 등 주변 지역으로부터 더 많은 사람이 교회 문을 두드리며 찾아왔다. 교인들이 계속 증가하자 2년 뒤인 1907년 3월 3일에 언더우드는 양평리에 기와집 7간 규모의 예배당을 새로 구입하여 분립 개척하도록 했다. 그렇게 분립 개척된 교회가 바로 오늘날의 양평동교회였다. 이처럼 영등포교회는 외적 성장과 내적 성숙을 거듭해 나갔다. 게다가 1907년은 한국교회가 평양대부흥으로 한층 발전에 발전을 거듭하고 있던 때였다. 이어 1910년 서울을 중심으로 전개되었던 백만명구령운동도 기독교인들의 영적 성숙과 성장에 긍정적인 영향을 끼쳤다. 이러한 분위기 속에서 영등포교회도 발전해 나갔다. 교육사업에도 관여하며 복음선교의 지경을 넓혀 나갔다. 즉, 1908년, 오늘날의 초등학교라 할 수 있는 소학교를 부속 설치하여 아동교육을 본격적으로 실시해 나갔다. 이 학교를 통해 지역의 아동들이 교회를 찾아왔고, 이는 곧 교회 발전으로 이어졌다.

1912년 좀 더 늘어나는 교인들을 수용하기 위해 첫 예배당 바로 옆에 연와(煉瓦) 양식의 12간 예배당을 신축하고 준공감사 예배를 드렸다. 영등포교회로써는 두 번째 예배당이었다. 이 예배당 건축을 위해 김상옥은 약 1,500평의 밭을 헌남했고, 고순익도 한나절갈이 땅을 교회에 바쳤다. 또한 이부성은 당시 고가제품인 가마솥을 헌물로 바치는 등 교인들 모두가 예배당 건축을 위해 힘을 합했다. 이후 1916년에는 영등포교회 역사상 처음으로 김기현을 장로 장립하고 당회를 조직하였다. 참고로 김기현은 김포 통진 출신으로 1900년 언더우드가 전도여행을 하던 중 만남을 갖고 신앙을 수용한 자였다. 기독교인이 된 그는 성서와 신앙서적 등을 판매하는 매서인(賣書人)이 되고, 이어 신학을 공부하기도 했다. 언더우드는 그를 영등포에 거주토록 하며 교회를 돌보도록 했는데, 그런 가운데 장로로 세움을 받게 되었던 것이다.

1916년 언더우드가 미국에서 세상을 떠난 뒤 영등포교회는 새로운 환경을 맞이하게 되었다. 이듬해인 1917년 12월 6일, 차재명 목사가 초대 위임목사로 부임하여 목회에 힘썼다. 1919년 3.1운동 당시에는 교인들은 영등포 공작창 철길 위에서 만세운동에 동참하며 민족의식을 드러냈다. 또한 같은 해 양평리교회, 잔다리교회와 연합하여 여전도회를 조직하면서 교회 내 조직을 한층 탄탄히 다져나갔다. 이후 홍성서, 김서윤, 김상옥, 정인환 등이 새롭게 장로로 세움을 받아 교회를 이끌었다. 그런 가운데 1921년 44평 규모의 연와양제, 즉 기와를 올린 서양 건축양식으로 세 번째 예배당을 마련했다. 그리고 1920년대에는 사촌(砂村)교회(오늘날의 도림교회)를 분립 개척하여 복음전도에 힘썼다.

1920년대 영등포 지역에는 가난한 아동들이 많이 있었는데, 교회는 정인환 장로를 중심으로 1926년 영창의숙(永彰義塾)을 설립하여 아동 교육과 복지에 힘을 기울이기도 했다. 이어 1927년에는 정인환 장로를 비롯한 일부 교인들의 건의로 부설 유치원인 홍화유치원을 설립하여 유아교육을 실시하고, 1933년에는 배움의 기회를 놓친 직장인들을 위해 노동야학을 운영하기 시작했다. 이처럼 영등포교회는 교육선교사업에도 상당한 관심을 두고 힘썼다.

해방 이후에는 대방동교회, 삼성교회 등을 분립 개척시키며 복음 확산에 일익을 담당했고, 1948년 박용희 목사가 부임하면서 전후의 혼란스러운 상황을 수습하며 교회 발전에 힘을 기울였다. 1958년 6월 12일에는 방지일 목사가 제11대 담임목사(1964년 3월 22일 위임목사 취임)로 부임하면서 교회는 한층 성숙과 발전의 길을 걷기 시작했다. 그는 성서교육과 심방을 중심으로 목회에 힘썼다. 또한 대곳교회, 가현교회, 곰달래교회, 논곡리교회, 명학동교회 등을 개척하며 활동적인 모습을 보여주었다. 동시에 공장이 많은 영등포의 지역적 특색을 감안하여 산업선교의 구심점 역할을 담당해 나갔다. 이후 김용호 목사, 김승욱 목사, 임정석 목사를 거쳐 윤길중 목사가 담임자로 시무하고 있는 중이다.

4. 구전으로 내려오는 언더우드의 선교적 유산

2006년에 발행된 영등포교회 100년사를 보면 다음과 같은 내용이 기술되어 있다.

> 언더우드와 영등포교회의 설립 관계를 밝혀주는 직접적인 기록은
> 아쉽게도 아직까지 찾을 수 없다. 그러나 몇몇 산재한 기록들을
> 토대로 할 때, 또는 면면히 이어지는 구전에 의할 때, 그리고
> 여러 가지 역사적 정황을 분석해 볼 때, 언더우드가 영등포교회를
> 설립하였다는 것은 전혀 의심의 여지가 없다. 따라서 창립자의 성장과
> 그 배경, 그에 의한 한국 복음화의 과정을 알아보는 것은 반드시
> 필요한 일이라고 할 수 있다(『영등포교회 100년사』, 101).

영등포교회 100년사에서 밝히고 있는 것처럼 설립자 언더우드와 영
등포교회 사이의 설립 관계를 드러내는 직접적인 기록은 현재 찾아보
기가 쉽지 않다. 다만, 1917년 12월 6일, 영등포교회의 초대 위임목사
로 취임한 차재명이 언더우드가 새문안교회에서 파송한 전도자들에 의
해 우리 교회가 세워졌다고 간접 증언하고 있을 뿐이다. 그럼에도 여타
2차 자료와 구전을 통해 언더우드와 영등포교회와의 관계는 연결되어
있음을 확인하게 된다. 어쨌든 남겨진 자료의 부족과 기타 현실적인 제
약 등으로 인해 영등포교회에서 언더우드의 정신 및 그 유산을 발견하
는 것은 쉽지 않다. 그렇다 보니 새문안교회나 여타 교회처럼 언더우드
와 관련된 직접적 행사를 열거나 자료관 등을 운영하고 있지도 않다.

그럼에도 불구하고 영등포교회 초기 역사는 언더우드로부터 시작된
다는 기억에서 출발하며 교인들은 그것을 함께 공유하고 있다. 그렇게

언더우드의 정신적 가치는 오늘날 영등포교회에 면면히 흐르는 중이다.

오늘날의 영등포교회(영등포교회 제공)

참고문헌

1. 영등포교회 홈페이지. https://www.pydp.or.kr.

2. 『한국민족문화대백과사전』 (인터넷 홈페이지). https://encykorea.aks.ac.kr.

3. 차재명 편. 『조선예수교장로회사기(상)』. 조선기독교창문사, 1928.

4. 한국교회사학회 편. 『조선예수교장로회사기(하)』. 연세대학교 출판부, 1968.

5. 김승욱 편. 『영등포교회 백년사 1904-2003』. 영등포교회 교회사편찬위원
   회, 2006.

6. 『원두우, 그 섭리의 발자취』. 새문안교회, 2007.

청천교회

충청북도 괴산군 청천면 청천6길 7-4, 대한예수교장로회(통합)

1. 충청도 오지의 선비 마을에 들어간 복음

충청도 괴산군의 남동부는 소백산맥이 북동에서 남서로 달리고 있다. 조령산, 백화산, 덕가산, 칠보산, 보개산, 군자산, 낙영산, 오봉산 등의 산들이 연속하여 그 기세를 뽐내고 있으며, 그 중앙에는 박달산 등이 자리를 잡으며 오랜 기간 이곳에서 거주한 사람들과 호흡하며 지냈다. 이곳은 오래전부터 인류가 거주한 흔적이 있다. 정확히 말하자면 괴산군과 인접한 청원, 제천 등지에서 구석기시대의 유물이 발견되었던 것을 고려할 때, 이곳 역시 비슷한 시대에 인류가 거주했을 것이란 추정이 가능하다. 삼국시대와 통일신라시대, 고려시대, 그리고 조선시대를 거치며 이곳은 나름의 문화와 풍습을 유지하고 있었다. 구한말인 1895년 괴산군은 충주부에 속해 있었다. 그러다가 1914년 행정구역 변경에 따라 괴산과 청안의 일부 및 연풍군이 폐지 또는 합병되어 대체로 오늘날 괴산의 모습에 이르게 되었다.

오늘날 괴산군은 1970년대 이후 도로망 확충 사업으로 인해 불편함 없이 왕래할 수 있게 되었다. 그러나 예로부터 이 지역은 교통의 발전이 여타 지방에 비해 상대적으로 더딘 곳이었다. 실제로 괴산군은 충청북도 안에서도 가장 오지에 속한 지역이기도 하다. 이 말은 곧 구한말, 이 땅에 들어왔던 선교사들이 여기까지 찾아오기가 쉽지 않았다는 말과 같다. 선교사 외에도 한국인 전도자들이 이곳을 방문하여 복음을 전하기란 육체적으로 상당히 고된 발걸음을 내딛어야 했던 일이다. 게다가 소위 올곧은 충청도 선비들의 마음을 여는 일도 쉽지 않았다. 따라서 외지인들을 통한 전도는 순조롭지 못했던 곳, 그곳이 바로 충청도 괴산군이었다.

그러나 그런 이곳에도 기독교 복음이 전해졌다. 그 출발은 선교사 언더우드와 괴산 출신 한 남성의 이야기로부터 시작한다.

2. 서울 구경하다 만난 선교사와 복음

1885년 4월 5일 부활절, 인천 제물포항에 발을 내디딘 청년 언더우드는 자신에게 맡겨진 선교사로서의 역할에 충실하기 위해 한국의 수도 서울을 향해 들어갔다. 당시는 갑신정변(甲申政變) 등으로 인하여 한반도의 내외적 분위기가 어수선한 상황이었다. 따라서 외국인이 홀로 이동한다는 것은 어떤 면에서 목숨을 내건 모험을 하는 것과 다를 바가 없었다. 언더우드와 같은 배를 타고 내한했던 감리교회의 선교사 아펜젤러는 아내의 신변을 염려하여 서울로 올라가지 못했다. 그러나 언더우드는 달랐다. 내한 당시 독신이었기 때문에 상대적으로 부담이 덜했다. 게다가 20대의 혈기 왕성한 그였기 때문에 속히 선교사로서 책임을 다하기 원했다. 그렇게 그는 서울 정동에 들어가 자리를 잡고 선교사역을 전개해 나갔다. 고아들을 모아 양육과 돌봄을 했고, 한국 장로교회의 어머니 교회라 할 수 있는 새문안교회를 세우며 예수 그리스도의 복음을 전하는 데 힘썼다.

한편 그가 주로 머물고 선교사역을 전개했던 서울에는 지방에서 올라오는 이들이 많았다. 그런데 그들은 여행과 업무 등으로 한양 도성 안에 들어왔다가 선교사와 교회를 접하고 기독교 복음을 받아들이는 경우도 있었다. 충청도 괴산(槐山)에 거주하던 이종호(李鍾浩)도 그랬다. 언더우드가 설립한 새문안교회의 2대 위임목사로 20여 년간(1920-1941년) 목회했던 차재명 목사는 초창기 한국 장로교회의 역사를 정리하며 이종호에 대해 다음과 같이 기술했다.

> [1906년] 괴산군(槐山郡) 청천(靑川)교회가 성립하다. 예전에 이 마을 사람 이종호(李鍾浩)가 서울(京城)에 여행하였다가 선교사 원두우에게서 복음을 듣고(聞道), 고향으로 돌아와 전도함으로 교회가 설립되니라(『조선예수교장로회사기(상)』, 150).

이종호는 서울을 여행하던 중 언더우드를 만났다. 생소한 외모와 옷차림의 백인 선교사를 만난 이종호는 그가 하는 이야기에 관심을 두고 귀 기울이게 된다. 예수 그리스도에 관한 이야기는 괴산 출신 이종호에게 난생처음 들어보는 이야기였다. 그러나 그는 백인 선교사가 전해주는 복음에 관한 이야기를 들으며 기독교인이 되기로 결심했다. 고향인 충청도 괴산에 돌아온 그는 마을 사람들에게 자기가 서울에서 들은 이야기를 전해주며 전도했다. 그렇게 복음을 받아들이는 동네 사람들이 생기게 되었고, 마침내 1906년 이종호의 집에서 예배를 드리면서 청천교회라는 신앙공동체가 세워지게 되었다.

3. 지역교회로 뿌리를 내린 청천교회

이종호의 노력과 헌신으로 인해 1906년 청천교회는 세워질 수 있었다. 그러나 이 교회가 세워지기까지, 그리고 세워진 뒤에도 이종호는 주변으로부터 무수한 핍박과 비난을 받았다. 청천교회와 관련하여 『조선예수교장로회사기(상)』에 이어지는 내용이다.

> [1907년] 괴산군(槐山郡) 청천(靑川)교회는 설립자인 이종호(李鍾浩)가 이곳(當地)에 대대로 살았는데, 대대로 번창하고 문벌이 좋은 집안인 송씨 등의 무한한 핍박과 침해를 겪으면서도 열심 전도하고 선교사 민노아(閔老雅)[밀러], 계군(桂君)[카긴]과 조사 김정현(金正賢) 등이 순회시무 중 교회가 점차 진보하여 예배당까지 건축하여 산과 계곡 곳곳(山谷裏)에 유력한 교회라 감히 칭할만 하다(『조선예수교장로회사기(상)』, 188).

특별히 이 마을의 유지인 송씨 집안에서 이종호를 비롯한 이 신앙공동체에 가했던 박해는 상상 이상이었다. 그러나 이종호는 꿋꿋이 버티며 신앙공동체를 지키고 이끌었다. 그러나 청천 신앙공동체의 설립자라 할 수 있는 이종호도 때로는 신앙적 회의와 낙심 속에 있는 경우도 있었다.

그래서 『조선예수교장로회사기(상)』는 이 부분과 관련하여 "악마의 훼방(作戲)으로 인하여 이종호는 타락한 중에 있으니 몹시 안타까운(可惜) 일이니라"(188)라고 기록하기도 했다. 그러나 이종호는 어려운 순간마다 결국 견디며 극복해 나갔다. 그가 자신과 신앙공동체를 향한 주변의 비난에도 버틸 수 있었던 것은 그의 신앙도 물론이지만, 그를 돕는 동역자들이 있었기 때문에 가능했다. 특히 이 당시 장로교회의 충청도 선교 전반을 관장하고 있던 선교사 밀러(F. S. Miller)와 카긴(E. H. Kagin)의 도움이 컸다. 여기에 더하여 한국인 조사 김정현의 지원도 청천교회가 자리를 잡아가는 데 커다란 힘이 되었다. 그러한 핍박 속에서 청천의 신앙공동체는 성장과 발전의 기반을 다져나갈 수 있었다.

이처럼 이종호를 비롯한 초기 교인들의 굳건한 신앙, 여기에 외부 선교사들 및 한국인 사역자들의 지원에 힘입어 청천교회는 믿음의 공동체를 지속해 나갔다. 1937년에는 설립자이기도 한 이종호 집사가 이 교회의 초대 장로로 장립되었다. 그러면서 정식으로 당회를 구성하고 조직교회로써의 면모를 갖출 수 있었다. 1939년부터 해방 되기까지는 이한규, 유병찬 전도사, 이병식, 이호재 장로, 곽경화 목사, 정인묵 전도사 등이 청천교회의 지도자로서 교인들의 영적 성숙을 힘쓰며 돌보았다. 이어 박기순 전도사(1954-1956년), 박성동 전도사(1956-1958년)이 시무하며 교회를 이끌었다.

1958년 4월에는 오늘날 교회가 위치한 괴산군 청천면 청천리에 부지를 마련하고 새로운 예배당을 건축하였다. 그리하여 기존 선평리 시대를 마감하고 구룡천 건너 청천리 시대를 맞이하게 되었다. 이후 박종규(1958-1959년), 박국배(1959년), 최성구(1962-1965년), 안인광(1965-1967), 노삼헌(1967-1968년), 박청광(1968년), 곽치문(1969-1973년), 김효진(1973년) 등의 전도사가, 이어 신의호(1977-1979년), 박영재(1979년) 등의 목사가 이곳에 부임하여 목회하였다. 그러나 시무 기간을 보면 알 수 있듯이 교역자가 바뀌는 일이 흔했다. 그렇다 보니 해방 이후 1970년대까지는 교회가 안정된 분위기 속에서 성장하기가 쉽지 않았다. 그러다가 1980년대 후반 들어 서충성, 강용오, 이기녕 목사 등이 부임하여 교인들을 돌보고 교회를 이끌었다.

4. 마을 한 가운데 살아 숨 쉬고 있는 언더우드의 유산

앞서 살펴보았듯이 청천교회는 언더우드의 전도로 시작된 교회이다. 충청도 괴산 출신의 이종호가 언더우드의 전도를 받고 기독교인이 되어 고향에 돌아와 설립한 교회가 바로 청천교회였던 것이다. 주로 서울을 중심으로 선교사역을 전개하던 언더우드가 직접, 그리고 자주 이곳까지 내려와 교회를 돌보기란 시간 및 거리상 쉽지 않았다. 그래서 어떤 의미에서 보면 언더우드의 직접적 손길이 닿아 있는 교회라 하기엔 애매한 부분도 있다. 따라서 언더우드와 관련한 직간접적인 역사 사료가 교회에 남아 있는 것도 아니다. 그럼에도 청천교회와 언더우드 상호 간의 관계를 부정할 수 없다. 기독교 복음을 전하고자 했던 언더우드의 외침이 이곳 청천교회를 통해 열매를 맺고 오늘에 이르고 있기 때문이다.

청천교회도 자신들의 신앙공동체가 어떤 과정을 거쳐 세워지게 되었는지 잘 알고 있다. 그런 의미에서 청천교회는 2006년 6월 25일, 교회 창립 100주년의 해를 맞이하여 총동원전도주일로 예배를 드렸다. 당시 340여 명이 참석하여 함께 예배를 드렸는데, 일반적으로 시골교회에서 300명이 넘는 인원이 모여 함께 예배를 드리기란 쉽지 않은 일이다. 그러나 목회자와 온 교우들의 전도 열정과 헌신적 수고로 인하여 당시 많은 지역주민이 교회를 찾았다. 이어 2006년 10월 14일에는 창립 100주년기념 감사예배를 드림과 동시 예배당 개축과 홈커밍데이를 실시하였다. 어린 시절 청천교회에서 신앙교육을 받고 자라다가 이제는 타지로 이주하여 생활하는 이들이 함께 모이는 뜻깊은 자리였다. 이렇게 충청북도 괴산군 청천면 청천리에 언더우드의 정신과 유산이 청천교회를 통하여 지금도 유기적 생명력을 갖고 살아 숨 쉬는 중이다.

오늘날의 청천교회 전경

예배당의 모습

참고문헌

1. 『한국민족문화대백과사전』(인터넷 홈페이지). https://encykorea.aks.ac.kr.

2. 차재명 편. 『조선예수교장로회사기(상)』. 조선기독교창문사, 1928.

3. 한국교회사학회 편. 『조선예수교장로회사기(하)』. 연세대학교 출판부, 1968.

4. 내한선교사사전 편찬위원회 편. 『내한선교사사전』. 한국기독교역사연구소, 2022.

5. 『원두우, 그 섭리의 발자취』. 새문안교회, 2007.

탄현교회

경기도 파주시 탄현면 방촌로 649번길 30-26, (한국기독교장로회)

1. 큰 골짜기, 대동(大洞)

탄현면(炭縣面)은 파주시 안에서 서쪽으로는 한강, 북쪽으로는 임진강에 둘러싸여 있고 남동쪽은 육지와 연결되어 있다. 한강을 건너면 서남쪽으로는 김포시 하동면과 인접해 있고 서북쪽으로는 북한의 개성, 개풍군이 가깝다. 대동리 아래, 임진강을 건너면 북한이 닿을 듯한 거리에 있는 성동리에는 오두산 통일전망대가 있다. 여전히 실향민을 비롯하여 많은 관광객이 방문하고 있다. 탄현면은 지형 덕분에 벼농사가 발달해 있었다. 현대에도 벼농사 지역이 넓게 분포하고 있기에 쌀 생산량이 높은 편이다. 현대에는 첨단산업단지의 조성으로 지역 경제의 기반이 되고 있다. 한강과 임진강 경계를 따라 탄현면을 에워싸듯이 뻗어 있는 자유로 (국도 77호선의 일부)와 내부 지방도로 정비가 잘 되어 있다.

조선시대에 교하군에 속해 있던 탄현면은 1895년(고종 32년)에 부군제를 실시하면서 아주 짧은 기간 파주에 속했다가 다시 교하군 관할이 되었다. 그 당시 탄현면 지역의 지명은 교하군 탄포면이었다. 1914년 행정구역 개편 때 교하군의 현내면(縣內面)과 신오리면(新五里面)의 대부분, 교하군의 청암면(青巖面) 송촌리 일부, 파주군의 오리면 능동리 일부, 자곡면(紫谷面) 덕옥리 일부가 병합되면서, 탄포(炭浦)의 '탄'와 현내(縣內)의 '현'자를 따서 탄현면으로 명명하게 되었다. 면 소재지는 오금리였는데, 1939년에 지금의 축현리로 이전했다.

탄현면의 대동리(大洞里)는 조선시대에 신오리면에 속해 있었고, 임진강가에서 가장 큰 마을이어서 동네 이름이 "대동"이라 지어진 것이다. 대동리도 1914년 행정구역 개편 때 지역 통폐합이 이루어지면서 대동리와 만우리 일부를 병합하여 대동리가 되었다. 과거 큰 골, 대동이라고 명하기도 했다.

2. 임진강가 옆, 가장 큰 마을에서 시작한 교회

경기도 파주시 탄현면 축현리에 있는 탄현교회의 첫 번째 교회명은 "대동리(大洞里)교회"였다. 교회는 두 개의 설립 연도를 가지고 있다. 하나는 『조선예수교장로회사기(상)』의 교회가 시작되었다는 기록이며, 또 다른 하나는 교회 안의 전승으로 복음을 수용했던 때의 이야기를 전해주고 있다. 『사기』의 기록을 먼저 보자.

> 1906년(丙午) … 파주군(坡州郡) 죽원리교회(竹院里教會)가 성립(成立)하다. 먼저 언더우드 선교사의 전도로 임봉준(林鳳俊), 안흥식(安興植)이 믿어 교회(教會)가 성립(成立)되니라 同郡 문산리(汶山里)와 대동리(大同里)에도 教會가 설립되니라(150).

1906년 파주에 죽원리교회(現, 파주시 조리읍 대원교회)가 설립되었을 때 원두우(언더우드) 목사의 전도로 임봉준과 안흥식이 기독교 신앙을 갖게 되어 교회를 이루게 되었다. 같은 고을이었던 문산리와 대동리에도 교회가 시작되었다. 이 당시 한 마을에 교회가 설립되면 마을의 이름을 교회명으로 했던 것은 당연하게 이루어지던 관례였다. 대동리에 설립되었던 대동리 교회일 것이고 그 해가 1906년이다. 또 하나의 설립 연도는 1905년으로 1906년 교회가 시작되었다는 기록이 있기 전에 이미 1905년에 예배를 드리기 시작했다는 전승이다. 언더우드 선교사가 최덕준 전도인과 함께 김낙천의 집에서 유영선, 김성만, 서덕유 등 삼인이 중심이 되어 첫 번째 예배를 드렸다고 한다. 이렇게 대동리교회가 시작되었다. 『사기』의 기록도 수용하고 교회 안의 전승도 그대로 수용하며 정리하면, 언더우드 선교사와 최덕준 전도인과 함께 대동리의 첫 개종자들이 김낙천의 집에서 예배를 시작했다. 이후, 저간의 사정은 정확히 알 수 없으나 예배가 지속되었고 어느 정도 안정되어 1906년에는 교회의 시작으로 기록되었다고 할 수 있다.

대동리교회는 청년 유영선의 열정으로 1907년에 초가 4간을 건축하고 교회명을 대동리교회라 명했다. 1908년에는 김사필 전도사가 부임하였다. 이후 교회를 이끌어간 조사, 전도사, 혹은 영수에 대한 기록이 보이지 않는다.

3. 스스로 세워 나가는 교회

교회의 기록이 미진해서인지, 아니면 교회에 목회자와 장로를 장립할 수 있는 내부의 역량이 미치지 못했는지, 대동리교회는 1935년에서야 전석창 장로가 대동리교회의 초대 장로로 장립되었다. 이후 1941년에는 차경성 목사를 청빙하여 교회를 담임하게 되었고 1947년에는 이종영 전도사가, 1950년에는 안보경 전도사가 부임하였다. 하지만 이 직후 1950년 6월 25일의 동족상잔의 비극이 시작되었다. 임진강가 대동리에 있던 교회는 충청남도 금산리까지 피난을 갔고 그곳에서 천막 교회를 세웠다고 한다. 전란 중, 목회자는 없었고 전석창 장로를 중심으로 4년간 예배를 드리며 교회를 이어갔다. 정전협정이 맺어지며 38선과 비무장지대가 설치되면서 교회는 지금의 축현리로 옮겨지게 되었다.

이후 교회의 재건과 교회가 어떻게 발전했는지, 어떤 일들이 있었는지에 대한 기록이 거의 없으나 교회를 이끌어간 사역자에 대한 기록은 남아서 전해지고 있다. 해방 이후 부임했던 전군명 전도사는 조선신학교(現 한신대학교)에 다니며 농촌계량과 문맹퇴치 운동을 통해 농촌의 새로운 신앙공동체의 이상을 실현해나갔다고 알려진다. 이후 1955년 이한승 전도사의 부임을 시작으로 하여 1957년에는 정학진 전도사, 1958년에는 이경훈 전도사와 정재화 전도사, 1959년에는 김송식 전도사가 부임하여 교회를 돌보았다.

1960년 11월에 나수환 전도사가 부임했다. 1961년 3월에는 4년전에 사였했던 정학진 전도사가 다시 돌아와 교인들을 돌보았다. 교회를 이끌어간 목회자가 계속 바뀐 것인지 몇 명이 함께 돌보게 되었는지는 정확하지 않지만 이후 부임하여 시무하고 다시 전도사가 부임하는 시기가 상당히 짧은 상태로 계속된다. 1962년에 엄기현 전도사 부임, 1963년 11월에 김완식 전도사 부임, 1965년 11월에 성은경 전도사 부임, 1967년 5월에 이영일 전도사, 1968년 3월에는 장경환 전도사가 부임했다.

탄현 교회 이전 예배당

1969년 5월, 90회 노회에서 교회명을 탄현교회로 개명했다고 한다. 이듬해인 1970년 1월, 전도사만이 시무했던 교회에 우지욱 목사가 부임하여 시무하게 되었다. 1973년 6월 신광선 목사가 부임하여 약 13년 간 탄현교회를 시무했고, 1986년 1월 4일에 윤영률 전도사가 부임했으며, 1990년 10월 7일에 박춘배 목사가 새로 부임하여 교회를 맡게 되었다. 그리고 새로운 세기가 시작된 후 2003년 2월 23일 김정선 목사가 부임하였고 2005년 12월의 첫 주일이었던 4일, 탄현교회 창립 100주년 기념 예배를 드렸다.

4. 복음을 통한 새로운 농촌 신앙공동체의 꿈을 위해

파주시도 수도권 지역에 신도시 개발이 활성화될 때 대규모의 아파트 단지가 조성되기 시작했고, 산업단지가 들어서면서 지역 차이가 있기는 하지만 도시화 되는 경향을 보이기도 했다. 2000년대 초반을 지나면서 교하지구와 운정지구에 새롭게 아파트 단지가 들어서면서 인구가 증가했다. 파주출판도시, 헤이리 예술 마을, 프로방스, 명품 아울렛 매장 등으로 유동 인구와 방문객도 증가했다. 다만, 신도시 쪽으로 인구 이동이 많은 데다가 고령화가 계속되고 농경지 쪽에는 청장년층의 인구가 줄어드는 전형적인 도시화 문제도 보이기에 파주시 탄현면의 극소수 지역을 제외하면 주거지가 많이 사라진 것을 확인하게 된다. 이러한 현상은 현재 탄현면에 소재한 교회의 출석 교인 수에 직접적인 영향을 미치고 있다.

하지만 탄현교회는 한반도의 허리가 끊어진 경계선 위에서 새로운 복음의 공동체를 향한 비전을 키워나가고 있다. 비록 도시화로 인한 이농 현상과 접경지역이라는 불리한 환경 가운데서도 언더우드가 꿈꾸었던 복음을 통한 계몽 그리고 새로운 공동체의 꿈을 이루어나가고 있는 것이다. 어찌 보면 멀지 않은 미래에 남과 북의 길이 열리는 그 날, 탄현교회는 남과 북을 오가는 수많은 이들의 안식처가 될 것을 소망하고 있다.

참고문헌

1. 대한예수교장로회 새문안교회. 『원두우(元杜尤), 그 섭리(攝理)의 발자취』. 새문 안교회, 2007.

2. 언더우드 콰이어 [박홍표, 손현란]. 『한국에 복음의 씨앗을 뿌린 언더우드 선교 사』. 2007.

3. 윤갑석. "탄현교회" 「새가정」. 1996년 3월호(통권 466호), 3-3(1면).

4. 한국기독교역사연구소 엮. 『조선예수교장로회사기(상), (하)』. 한국기독교역사연 구소, 2000.

하안교회

경기도 광명시 밤일안로 41-7, 한국기독교장로회

1. 밤나무 마을에 복음이 들어오다(下安洞 栗日)

오늘날 하안교회가 서 있는 경기도 광명은 안양천을 경계로 동쪽은 서울특별시, 서쪽은 시흥시, 남쪽은 안양시, 북쪽은 서울특별시와 접하고 있다. 서울과 근접한 곳이기에 조선시대 수도인 한양을 쉽게 오갈 수 있었다. 전해 내려오는 말에 따르면 이 지역은 삼한시대 당시 마한에 속해 있다고 하지만, 그중 어느 나라에 속해 있었는지는 불분명하다. 삼국시대에는 백제의 영토였다. 그러나 고구려 장수왕의 남하정책으로 고구려의 영토가 되기도 했다. 이후 통일신라, 고려, 조선시대에 이르기까지 성장의 과정을 거쳐왔다. 구한말인 1895년 지방제도 개정으로 시흥군이었지만, 1914년 행정구역 개편에 따라 안산과 과천군이 시흥군이 통합되면서 지역규모가 상당히 커졌다. 이후 1981년 7월 1일, 광명시로 승격되면서 기존 시흥군에서 분리되어 발전의 기틀을 마련할 수 있었다.

이 가운데 오늘날 하안교회가 위치한 장소는 밤일마을(栗日)이라고도 불리는 곳이다. 예로부터 밤나무가 많아 그렇게 불렸다고 한다. 이 마을은 충주 평씨가 처음 정착한 이래 충주 박씨, 전주 이씨도 함께 들어와 살기 시작했다. 조선시대에는 행정구역상 시흥군 서면 율일리였고, 1914년 시흥군 서면 하안리에 속하게 된다. 지리적으로 마을에서 보면 서북쪽으로 도덕산, 동남쪽으로 구름산이 솟아 있는 것을 볼 수 있으며, 두 개의 산이 마을을 사방에서 감싸는 형세를 갖추고 있다. 바로 이 마을에 복음의 씨앗이 뿌려졌고, 그 열매가 맺어져 하안교회로 발전하였다.

2. 하안리의 첫 번째 신앙공동체, 그리고 언더우드

1885년 4월 5일 부활절 오후 3시경, 20대의 젊은 선교사 언더우드는 인천 제물포항에 발을 디뎠다. 조금씩 비가 내리는 그리 맑고 화창한 날씨는 아니었다. 그러나 나름 기독교 복음을 한국에 전해주겠다는 열정은 궂은 날씨를 상쇄하고도 남았다. 곧바로 상경하여 한양 도성 안으로 들어온 그는 정동에 자리를 잡고 선교사업을 전개해 나갔다. 그 선교의 영역은 수도 서울을 중심으로 주변 지역에 점점 확장되어 나갔다. 서울 남서쪽 지역도 그 가운데 하나였다. 그 가운데 언더우드를 곁에서 돕던 한국인 전도자 도정섭(都廷燮), 윤상덕(尹相德)이 1904년 시흥동 지역으로 들어가 전도하면서 몇몇 한국인들이 기독교 복음을 받아들였다. 즉, 초창기 한국 장로교회의 역사가 정리되어 있는 『조선예수교장로회사기(상)』에 따르면 당시 임희서(林喜西), 이성문(李聖文) 등이 복음을 받아들인 당사자였다고 한다. 그렇게 시작된 교회가 오늘날의 대한예수교장로회 시흥교회이다. 이 교회는 설립 초기부터 선교사 언더우드와 조사 홍성서(洪聖瑞) 등이 시무하며 지역의 복음화를 위해 힘썼다.

그리고 1년 뒤인 1905년, 시흥동에서 그리 멀지 않은 곳인 하안리(下安里)에 새로운 신앙공동체가 세워졌다. 바로 하안리, 다시 말해 오늘날의 하안교회였다. 이 부분에 대해 차재명 목사가 편집한 『조선예수교장로회사기(상)』은 다음과 같이 기술하고 있다.

[1909년] 시흥군(始興郡) 하안리교회가 설립하다. 이전에
선교사 원두우[언더우드]가 파견한 전도인 이낙선(李洛善),
이용석(李容錫) 등의 전도로 인하여 김연순(金連順), 곽덕원(郭德元),
서은경(徐殷京), 김성환(金聖煥), 박순석(朴順錫) 등이 주님을
믿음으로 교회를 성립하고 조사 홍성서, 김기현(金基鉉),
이춘경(李春景)이 이어 시무하니라(『조선예수교장로회사기(상)』, 111).

    차재명 목사는 하안리에 신앙공동체가 세워진 시기를 1909년으로
보고 있지만, 교회에 내려오는 이야기에 따르면 1905년 3월 9일 첫 예
배를 드렸다고 한다. 어쨌든 위 기록을 정리하자면, 언더우드가 파송한
이낙선과 이용석 등이 하안리에 들어가 전도했다. 그리고 그 수고와 노
력의 결과로 김연순, 곽덕원, 서은경, 김성환, 박순석 등의 지역 거주자
들이 기독교 복음을 받아들이게 되었다는 것이다. 초창기 교인 중 밤일
마을에 거주하던 박순석이 자신의 집을 예배처소로 제공했고, 언더우
드 선교사와 함께 하안리 지역의 첫 예배가 시작되었다. 마침 1년 전인
1904년 세워진 시흥교회를 언더우드가 직접 관여하며 돌보고 있던 터
였기에, 인근 마을인 하안리에 그의 인도로 예배공동체가 세워진 것도
그리 이상한 일이 아니었다. 그렇게 하안리의 첫 기독교 신앙공동체는
언더우드의 손을 거쳐 이루어졌다.

3. 광명지역 모교회로의 성숙과 발전

차재명 목사는 1916년 9월, 경기도 서쪽 지역의 교회와 전도를 전반적으로 담당하는 임무를 맡게 되었다. 그러면서 하안리교회도 그의 행정적 관리 및 영적 돌봄 아래 들어갔다. 이 시기 하안교회는 급격하지는 않아도 점진적인 성장을 이뤄나갔다. 2년 뒤인 1918년에는 서울 경신학교에서 교육선교사로 활동하던 쿤스(E. W. Koons) 선교사와 영등포교회 장로였던 김기현 조사가 합류하여 하안리 지역 복음화에 힘을 보태었다. 1921년에는 인근 교회인 시흥리교회(현 시흥교회)와 연합하여 한 명의 장로를 장립할 수 있게끔 청원운동을 벌이기도 했다. 장로가 세워져야 정식으로 당회가 세워지고, 이로 인해 조직교회가 성립할 수 있기 때문이었다. 그 결과 한 명의 장로가 하안리교회에 세워졌다. 『조선예수교장로회사기(하)』는 이에 대하여 다음과 같이 우리에게 알려주고 있다.

[1922년] 시흥군(始興郡) 하안리(下安里)교회에서 김연순(金連順)을 장로로 장립하여 당회를 조직하였고, 목사 차재명(車載明)이 순회시무하다(『조선예수교장로회사기(하)』, 78).

장로를 세워달라고 청원하고 1년 뒤인 1922년 김연순 장로가 장립되었고, 당회를 조직할 수 있게 되었던 것이다. 이즈음 하안리교회의 규모는 어느 정도였을까. 자료의 부족으로 정확한 교인 통계치는 알 수 없지만, 전해 내려오는 말에 의하면 당시 20명 정도가 성찬식에 참여했다고 한다. 일반적으로 성찬식은 세례받은 교인들만 참여했었다는 것을 고려할 때 실제 예배에 참여했던 인원은 대략 50명이었을 것으로 추정된다. 1930년에는 광명리교회와 연합하여 한 명의 장로를 또 세우며 발전해 나갔다.

그러나 일제강점기라는 상황 속에서 신앙생활과 교회의 성장은 여러 가지 제약이 많을 수밖에 없었다. 1932년, 교회 내부 기록에 따르면 성찬에 14명이 참여하며 예배를 드렸다고 한다. 이를 1920년대 앞선 기록과 비교하면 약간의 교세가 감소했을 것이라 추정할 수 있다. 교세의 큰 변동이 있던 것은 아니었지만 일부 교인의 수가 감소하게 된 것은 하안리교회의 민족의식과 그리 무관하지 않았다. 1932년 발행된 어느 향토지에 따르면 당시 하안교회는 우리 민족의 국권회복운동과 독립운동의 분위기에 맞춰 교회 안에서 한국어로 찬송과 성경을 가르쳤다고 한다. 이른바 신앙운동과 민족정신의 조화였다. 또한 이 당시 하안리교회 교인들의 헌신과 신앙열정도 상당히 높이 평가할만하다. 대표적으로 하안리교회의 첫 예배처소를 제공했던 초기 교인 박순석의 사위 강태현 장로가 925.62㎡의 부지를 기증한 일이었다. 교인들은 이 대지 위에 함석으로 된 예배당을 건축했다. 『조선예수교장로회사기(하권)』은 이 당시 교회 건축과 관련하여 다음과 같이 그 사실을 밝히고 있다.

[1923년]충북 영동읍(永同邑)교회는 진흥되어 경성 원한경(元漢慶)

장로의 천여 원의 연보와 교우의 협력으로 예배당을 광대(宏大)히 건축하다. 이 시기에 경충노회 경내에 각 교회가 진흥되어 동으로 양주(楊州), 양평(楊平) 등지에서는 교역자를 스스로 부담(自擔)하게 되고, 양평읍(楊平邑)과 상심리(上心里)교회에서는 다액을 연보하여 예배당을 중건한 것도 있고, 서로 김포읍(金浦邑), 영등포(永登浦), 세교리(細橋里), 행주(幸州), 죽원리(竹院里), 하안리(下安里) 등 교회와 남으로 노량진(鷺梁津), 신사리(新沙里), 안성읍(安城邑), 방축리(防築里) 등 교회에서는 혹은 반서양식(半洋製) 또는 기와식(煉瓦製)로 예배당을 미려하게 중건하다(『조선예수교장로회사기(하)』, 81).

1923년 전국의 많은 교회들이 예배당을 신축하면서 안정적인 기반을 마련해 나갔는데, 하안리교회도 마찬가지로 아름다운 함석 예배당을 세우며 교회 성장의 토대를 다져나갔다. 그러나 앞서 언급했듯이 일제강점기에 자유로운 신앙생활을 누리는 것은 쉬운 일이 아니었다.

1945년 해방을 맞이했지만, 1950년 발발한 한국전쟁으로 인해 우리 민족은 다시 한번 고난의 아픔을 겪어야 했다. 이때 많은 예배당이 폭격과 전투로 파괴되는 상황을 맞았다. 그러나 하안리교회가 세워진 지역은 군사요충지역이 아니었기 때문에 그 피해가 여타 지역에 비해 상대적으로 적었다. 그래서 한국전쟁 당시 교회는 피난민들을 위로하는 역할을 작게나마 담당하기도 했다. 전쟁이 끝나고 1954년, 슬레이트 양식의 예배당을 재건축하며 다시금 지역 복음화에 힘썼다. 그 결과 1960

년대 들어서는 300여 명에 가까운 교인들이 출석할 정도로 성장했다.

언더우드로부터 출발한 하안리교회, 즉 오늘날 하안교회는 이후 차재명, 차상진, 김현봉, 김홍식, 이종화, 유진평, 차남진, 박종욱, 이창섭, 이순봉, 이정태, 박윤옥, 조신광, 홍봉준, 이석석 등의 교역자가 부임하여 하안교회와 지역 복음화를 위해 힘썼다.

이전 하안교회 전경(하안교회 홈페이지)

4. 세월의 긴 강을 지나온, 그리고 계속 나아갈 교회

1995년 하안교회의 담임자로 부임한 이석석 목사는 교회 홈페이지를 통해 다음과 같은 인사말을 건네고 있다.

우리 하안교회는 1905년 3월에 세워져 세월의 긴 강을 지나온 교회입니다. 언더우드 목사님을 통해 뿌려진 복음의 씨앗으로 이 땅의 수많은 교회와 일꾼들을 길러내는 산파의 역할을 감당해 왔습니다. 오늘도 우리는 묵묵히 주님께서 우리에게 맡겨주신 빛과 소금의 사명을 감당하고자 합니다. 이 땅에 정의를 심어 평화의 열매를 거두고, 분열과 다툼이 있는 곳에 일치와 화해를 미움이 있는 곳에 예수 그리스도의 사랑의 씨앗을 뿌리고, 절망과 고통이 있는 곳에 치유와 희망의 복음을 전하겠습니다(하안교회 홈페이지).

하안교회는 언더우드로부터 설립된 이후 그가 보여준 선교의 정신을 잃지 않고 지금까지 이어가고 있다. 물론 자료관이나 역사관 등을 통한 유형의 문화유산을 별도로 보관하고 있지는 않다. 그러나 영적, 정신적 유산의 중요성을 늘 기억하고 있으며, 여기에 200여 명의 모든 교우가 동참하는 마음을 품고 있다. 대표적으로 2005년 창립 100주년을 맞아 언더우드의 선교정신을 기념했고, 5대째 교회를 섬겨온 설립 교인 후손들에게 감사패를 전달하는 행사를 하기도 했다. 그렇게 하안교회 안에는 언더우드의 정신이 기억되고 계승되는 중이다. 2020년에는 새롭게 예배당을 건축하여 오늘에 이르고 있다.

오늘날의 교회 전경(하안교회 제공)

참고문헌

1. 하안교회 홈페이지. http://www.haanchurch.com.

2. 『한국민족문화대백과사전』 (인터넷 홈페이지). https://encykorea.aks.ac.kr.

3. 『디지털광명문화대전』 (인터넷 홈페이지). https://www.grandculture.
   net/gwangmyeong.

4. 차재명 편. 『조선예수교장로회사기(상)』. 조선기독교창문사, 1928.

5. 한국교회사학회 편. 『조선예수교장로회사기(하)』. 연세대학교 출판부, 1968.

행주교회

경기도 고양시 덕양구 행주산성로 144번길 31-16, 대한예수교장로회(합동)

幸州

1. 행주– 한양으로 들어오는 관문

행주는 원래 백제 개백현이었는데, 고려시대로 접어들면서 행주(幸州)라 불리게 되었고, 1018년에는 양주에 귀속되었다. 조선시대에는 고양군에 속하게 되었고 1914년 행정구역개편 때 김포군 일부를 합쳐 지도면이 되었다. 행주의 원래지명은 고구려가 지은 왕봉(王逢)이었는데, 이는 미인 한주와 안장왕의 설화에서 유래된 것이라고 전해진다. 이 설화는 신채호의 조선상고사에도 기록되어 있는데, 안장왕이 태자일 때 백제 땅에 잠입을 하게 되고 이때 한씨 부인을 만나 사랑에 빠지게 되어 후에 위험에 빠진 한주를 구출했다는 설화에서 지명이 유래되었다고 한다.

행주지역은 강변 유역에 많은 산이 자리잡고 있고 한양으로 이어지는 나루터들이 있어 매우 중요한 군사적 요충지였다. 그렇기에 삼국시대부터 산성이 자리잡고 있었고, 부근 염포에는 봉수대가 설치되어 있다. 조선시대에는 행주나루터를 넘어 부평으로 나아갔고, 북쪽으로는 신원을 지나 고양에 닿을 정도로 교통의 요지로 자리매김하였다. 또한 임진왜란 당시 권율장군이 대규모의 일본군을 격파했던 행주대첩이 벌어진 곳으로 행주대첩은 임진왜란 3대 대첩 중 하나이다.

2. 행주교회의 시작

언더우드 부인의 회고록에 의하면 행주에서의 사역은 1895년 가을 콜레라 사태 직후에 시작되었고, 현지인 신화순에 의해 신앙공동체가 만들어지게 되었다고 설명되어지고 있다. 그녀의 증언에 의하면 신화순은 초창기엔 기독교에 관심이 있는 것처럼 행동하면서 언더우드의 교회사역 과정에서 취업에 대한 기대를 가지고 주변에 어슬렁거렸다고 한다. 하지만 콜레라가 창궐하고 수많은 사람들이 고통을 받고 있던 시기에 병원에서 치료받는 조선인들을 밤새 돌보았던 서양인 간호사의 헌신적은 모습을 목격하고 그의 생각이 변하게 되었다고 한다. 새로운 변화에 대한 영적인 갈급함과 하나님의 은혜로 결국 진정한 기독교인으로 거듭된 것이다.

신화순은 이 좋은 소식을 홀로만 간직할 수 없어서 지게를 이고 행주로 가서 거기서 일하던 사람들에게 이 소식을 전해주었다. 이 일꾼 중한 사람이 신씨의 말을 듣고 감동을 받고 다시 찾아와 다른 이들에게도이 이야기를 전해주길 청원하니 신씨는 이 사람을 따라가 다른 이들에게도 복음을 전해주었다. 이로 인해 복음을 받아들이는 사람들이 매주늘어나게 되었고 온 마을에 복음의 선한 영향력이 전파되기 시작하였다. 1896년 행주의 신앙공동체는 이태영, 이창근, 한귀련 등 30여명의교인들로 붐비기 시작하였고 이들은 한귀련의 집을 예배 장소로 정하고정식으로 행주교회라 명명하였다. 이어 1897년에는 여덟 칸의 초가 예배당을 신축하였고 능곡에 거주하던 일부 교인들은 거리가 멀고 장소가협소하여 능곡교회로 분리하여 개척하였다.

교회가 들어서고 신도들의 숫자가 급증하자 마을의 모습이 변화하기 시작하였다. 과거에 빈번하게 벌어졌던 도둑질이 더 이상 일어나지 않았으며, 사람들은 땅에 떨어진 열매에 손도 대지 않았다. 술을 팔던 사람은 술을 모두 버려 더 이상 술을 팔지 않게 되었으며, 삶의 어려움이 있더라도 그리스도를 따르는 삶을 포기하지 않았기에 언더우드 부인은 이러한 강인한 행주의 어부들과 농부들의 신앙을 놀라움으로 받아들였다.

언더우드 부부가 다시 행주를 방문했을 때 신화순이 가르친 여러 소년들이 나와 "오 기쁜 날, 오 기쁜 날, 예수께서 나의 죄 씻으셨네"라는 찬양을 불러주었다. 언더우드 부부가 이곳에서 2-3일을 머무르는 동안 이 예배공간에 수많은 사람들이 몰려들었으며, 언더우드는 38명의 사람들에게 세례를 주었다. 또한 113명의 세례 문답을 진행했으며 몇몇 아이들에게 유아세례를 베풀어주었다.

초창기 행주교회와 교인들(행주교회 제공)

3. 행주교회의 부흥과 시련

　순전한 신앙을 고수하며 마을 전체를 변화시켜나갔던 행주교회는 부흥을 거듭하였다. 1922년 1월 14일에 사경회를 개최하여 기존 40명의 교인들의 숫자가 2백여명에 달하게 되었다고 1922년 2월 7일자 기독신보는 보고하였다. 이렇듯 부흥을 거듭하며 1925년에는 열 다섯칸 목조 기와집으로 교회를 증축하는 역사를 이루어냈다. 하지만 일제의 탄압과 경제적 궁핍함이 더해지면서 신자들의 숫자가 줄어드는 아픔을 겪기도 하였다. 기독신보에 등장하는 행주교회의 모습은 1933년부터 지역사회와 호흡하며 분위기를 쇄신하고자 하는 노력들이 그려져 있다. 1933년 1월 4일 소년면려회 총회를 개최하면서 풍금을 구입하고, 찬양대를 조직하고, 철봉대를 설치하며 야학을 실시할 것을 결의하였다. 또한 유년주일학교를 새롭게 조직하여 30여명이 어린이들이 복음을 배우며 성장하고 있다고 보고되었다. 1933년 3월 1일의 기독신보 기사에는 음악회를 성대하게 개최하였다는 보도도 적혀 있다. 행주교회는 2월 20일 청년면려회 주최로 신춘음악회를 개최하였는데, 연희전문학교의 김영택과 오성근, 경신학교의 차형기 등의 여러 학생들이 와서 바이올린 및 클라리넷 연주를 선보였다. 그리고 주일학교 학생들이 댄스공연을 하는 등 다양한 순서로 300명에 달하는 관중들에게 큰 기쁨을 주었으며 이날 결신한 사람이 23명에 달한다고 보고하였다.

　일제 강점기 말기에 일본은 조선에서 신사참배를 강요하며 내선일체의 정책을 강화시켜나간다. 하지만 행주교회의 여러 교인들은 이러한 일제의 신사참배 정책에 반발하였고, 이로 인해 행주교회는 일본 경찰의 요주의 대상이 되어 교회의 종탑이 헐리고 종이 약탈당하는 아픔을 겪었다. 해방된 지 얼마 되지 않아 벌어진 민족상잔의 비극인 한국전쟁은 행주교회에 더욱 더 큰 시련을 안겨주었다. 예배당이 포탄에 맞아 부서졌고, 교인들은 신앙을 고수하다가 북한군에게 매질을 당하기도 하였다. 교회의 당회록과 여러 문서들 또한 전쟁 와중에 불로 소실되는 일이 벌어지게 되었다.

하지만 행주교회는 이에 절망하지 않았고, 1966년 1200평 대지 위에 새로운 예배당을 신축 봉헌하여 새로운 평화의 시대를 열기 위한 노력을 이어나갔다.

4. 행주교회의 오늘과 언더우드의 비전

현재 행주교회는 대한예수교장로회 합동 교단에 속한 교회로서 행주 지역의 복음화를 위해 열심을 다하고 있다. 특히 언더우드 선교사의 헌신과 조선인 사역자들의 뼈를 깎는 헌신으로 세워진 행주교회는 선교의 빚을 진 교회로 스스로를 규정하고 겸손한 마음으로 지역과 세상을 섬기는 교회로 성장하겠다고 다짐하고 있다.

이러한 선교적 비전을 다짐하고 신실히 실현해나가겠다는 행주교회

의 교인들의 마음을 담아 행주교회 홈페이지에는 다음의 내용으로 "행
주교회의 기도"를 수록하고 있다.

"자기를 사랑하는 말세의 교묘한 이기주의를 교회가 철저히
배격하고 이를 분별할 지혜를 주시며 하나님의 말씀에만 순종하는
교회가 되게 하소서. 하나님의 거대한 계획 속의 작은 도구로서
사명에 집중하는 교회가 되게 하소서. 그리하여 하나님과 성도와
이웃을 사랑하기에 힘쓰는 교회가 되게 하소서."

행주교회의 현재 전경(행주교회 제공)

참고문헌

1. "행주교회의 사경여대연." 「기독신보」. 1922년 6월 14일.

2. "행주교회의 부흥회특연." 「기독신보」. 1922년 7월 26일

3. "행주소년면려회." 「기독신보」. 1933년 2월 1일.

4. "행주음악회: 고양군 지도면 행주교회." 「기독신보」. 1933년 3월 1일.

5. Underwood, Lillias H. 『(언더우드 부인의) 조선생활: 상투잽이와 함께 보낸 십오년 세월』. 김철 역. 뿌리깊은 나무, 1984.

6. "행주." 한국민족문화대백과사전. https://encykorea.aks.ac.kr/Article/E0062857.

2부 　언더우드 자매 기관

경신학교

서울특별시 종로구 혜화로 74

1. 교육을 통해 소외된 자들을 돌보다

수많은 가톨릭 교인들과 1866년 저메인 토마스 선교사의 피가 뿌려진 한반도 땅 위에 1885년 알렌(Horace N. Allen, 1858-1932)의 광혜원의 설립으로 개신교 선교가 시작되었다. 갑신정변의 폭풍우가 지난 후 알렌은 왕비의 조카 민영익을 치료한 공로로 광혜원을 설치하여 조선 대중들을 향한 의료 선교를 시작하였으며 이 기관은 곧 언더우드(H. G. Underwood)의 입국과 더불어 본격적인 복음전도의 주춧돌이 되었다. 이 때 한반도에서 세계의 가장 큰 주목을 받은 곳은 아마도 현재 덕수궁이 위치한 정동 지역일 것이다.

언더우드와 아펜젤러(Henry G. Appenzeller, 1858-1902), 그리고 헤론(John W. Heron, 1856-1890)등의 미국 북장로교 및 북감리교 선교사들은 조선의 치안상황과 선교 사역의 용이성을 위해 현재 정동 지역에 거주하기 시작하였고, 이 지역은 구한말 조선과 서양의 만남이 이루어진 개신교와 근대문화의 산실이 되었다. 이 정동에 정착한 언더우드는 알렌을 도와 제중원에서 서양의 학문을 가르치기 시작하였다.

언더우드는 조선의 민중을 교육하시는 일과 더불어 오갈 데 없는 소외된 고아들을 위한 시설의 설립을 서둘렀다. 이렇게 경신학교의 전신인 언더우드 학당이라고 불리는 교육시설이 정동에서 시작된 것이다. 언더우드가 1887년 본국 선교부에 보낸 편지에는 다음과 같은 내용이 적혀 있다.

"약 1년 전 고아원을 개설했습니다. 1886년 5월 11일에 한 아이를
데리고 그 사업을 시작했는데, 당시 한 명만의 입학 허가를 받아
낸 상태고 다른 세 명은 입학 여부를 검토하고 있는 상태였습니다.
그날 저녁 이곳에 있는 선교사들이 모여 기도회를 갖고, 그 사업을
하나님께서 축복하고 우리 앞에 놓여 있는 일들을 어떻게 하는
것이 최선인지를 가르쳐 주시길 간절히 기도했습니다..."(언더우드가
선교부의 엘링우드 박사에게 1887년 6월 17일에 보낸 편지,
『새문안교회 100년사』, 83).

1886년 언더우드 학당의 사진

언더우드의 편지 등의 자료들을 참고할 때 이 언더우드 학당은 1886
년 언더우드가 5월 11일에 한 소년을 데리고 시작한 고아원 사역에서
시작된 것으로 볼 수 있다. 배재학당이 정식으로 문을 연 1886년 6월 8

일, 스크랜튼 부인이 여성 한 명에게 영어를 가르치기 시작한 5월 31일로 이화학당이 시작된 시기보다 이른 것이다. 즉 1886년 봄에서 여름에 이어지던 시기는 조선에서 서양식 근대교육의 씨앗이 발아하기 시작했던 시기라고 볼 수 있다.

언더우드 학당이 문을 연 지 4년여가 지난 시점에 이 학당에는 25명의 학생들이 소속되어 있었으며 이들은 새벽 3시 반 경에 일어나서 자신들의 방을 정리하고 청소를 하며 아침을 스스로 준비하는 규칙적인 생활을 하였다. 수업 내용도 전통적인 한문 공부를 시작으로 영어와 성경공부를 하고 오후에는 작문과 여러 오락활동을 하며 신앙과 학문, 문화가 균형을 이루는 교과 과정을 소화해냈다.

1891년 언더우드의 건강문제로 사무엘 마펫(Samuel A. Maffett, 1864-1939)이 2대 교장으로 취임하였고 이어 이 학당을 예수교학당으로 재편하였다. 그리고 그는 남녀공학의 보다 조직화된 교과과정을 도입하였다. 마펫 선교사와 교사들은 이 예수교학당의 교육 목표를 "자기 동족들에게 진리를 간증하게 될 전도사와 교사를 양성하는 것"으로 규정하며 보다 선교적 관점에서 학교를 운영하여나갔다.

마펫 선교사가 서북지역 선교사역에 집중하기 위해 평양으로 떠나게 되면서 예수교학당의 교장 역할은 밀러(Frederick S. Miller) 선교사가 이어받게 되었다. 그리고 본인의 한국식 이름을 인용하여 학당의 이름을 민로아 학당으로 바꾸고 보다 전문적인 직업교육을 시키기 시작하였다. 마펫과 밀러 선교사가 교장으로 봉직하고 있던 시기 이 학당에는 김규식, 안창호 등의 민족 지도자들이 미래의 꿈을 키워나가고 있었다.

하지만 북장로교의 선교정책이 복음전도 사업으로 중점화되면서 선교사들 가운데 고등 교육사업에 대한 필요성을 공감하지 못하는 상황이 벌어지게 되었다. 이로 인해 언더우드 학당, 예수교학당, 민로아 학당 등으로 이름을 바꾸어가며 소외된 자들에게 배움의 기회를 제공했던 이 학당은 1897년 문을 닫게 되었다.

1891년 예수교학당 학생들(경신학교 제공)

2. 연못골에서 시작된 새로운 배움의 터

민로아학당이 문을 닫은 지 4년이 지난 후 새로운 학교가 연못골에 문을 열게 된 바 그 중임은 현 연동교회를 개척한 선교사 게일(James S. Gale)이 맡게 되었다. 헤리 로즈의 장로교 선교사에는 "남학교(민로아학당)이 문을 닫은 지 4년 후인 1901년 연못골에서 한 중등학교가 6명의 소년들을 데리고 게일을 교장으로 하여 조직되었다"고 기록하고 있다. 게일은 언더우드와 함께 언더우드학당의 교사로서 학생들을 가르치는 일을 감당하였고 1901년에 이르러 연못골교회 부속 한옥에서 남학생들에게 중등과정을 교육하기 시작하였는데, 이것이 예수교중학교였다. 언더우드학당은 예수교학당, 민로아학당을 거쳐 게일의 예수교중학교(耶蘇教中學校)로 재탄생하게 된 것이다.

1902년 북장로교 선교부는 이 남자중등교육 기관을 위한 대지 구입과 건물 건축을 위한 예산으로 4,675불을 책정하고 연지동 1번지에 학교 부지를 매입하게 되었다. 예수교중학교에서 가르치던 교과 과정은 기존의 학당에서 실시하던 교과목보다 훨씬 더 세분화되었고 학생들 규모 또한 크게 확대되었다. 성경과 국어를 김정삼이, 게일이 교회사와 천문학을, 정태용 등이 한문을, 디켐프(De Camp)가 영어, 정해영이 산술, 밀러 선교사가 대수를, 화학은 에비슨, 물리는 언더우드가 가르쳤다. 재학생 수도 1901년 8명에서 1908년에는 126명으로 급증하게 된다.

이 예수교중학교는 1905년 그 교명을 새로운 것으로 깨우친다는 경신학교(儆新學校)로 개명하였다. 그리고 같은해 밀러(Edward H. Miller) 선교사가 새로운 교장으로 취임하였다. 또한 경신학교는 새로운 건물인

존 D. 웰스 기념관을 준공하게 되는데 이는 미국에서 조선 선교의 교육 사업을 위해 물심양면의 지원을 아끼지 않았던 웰스 목사를 기념하기 위함이었다. 언덕위에 고딕식의 첨탑과 화강암과 벽돌로 지어진 이 근대식 건물은 암울했던 조선의 땅을 신앙과 교육으로 밝히는 복음의 빛을 상징하는 듯 했다.

존 웰스 기념관(경신학교 제공)

3. 민족의 고난과 아픔을 함께 한 경신학교

1910년 일제가 강제로 대한제국을 합병하며 일제 강점기의 암울한 시대가 열리게 되었다. 강제병합에 성공한 일제는 조선의 민족정신을 말살하고 일왕의 신민을 양성한다는 교육목표로 민족학교들을 억압하기 시작하였다. 1911년에는 조선신교육령을 발표하여 일어를 강제로 습득하여 숙달하게했으며, 1915년에는 개정사립학교 규칙을 공포하여 성경, 한국의 역사 및 지리를 지도하지 못하게 만들었다. 민족정신을 말

살하는 강력한 식민지 정책에 반발하는 움직임들이 국내외에서 일어나기 시작했고 그 중심에는 경신의 동문들이 있었다. 특히 미주 지역의 안창호, 새문안교회 장로이자 민족지도자인 김규식, 서병호, 일본의 김상덕 등이 독립운동의 기치를 높이 들고 앞장서 나갔다.

3.1 만세운동에 있어서도 경신학교 출신들이 앞에 서 시위를 주도해 나갔다. 경신 출신의 정재용이 파고다 공원에 집결한 군중들 앞에서 독립선언서를 낭독했고, 경신의 졸업생들과 재학생들이 군중의 앞에서 행렬을 이끌었다. 3월 5일 2차 만세시위에서도 강우열 등 다수의 경신학교 졸업, 재학생들이 행진의 앞에서 시위를 주도하였다.

1929년 11월 3일 광주에서 학생들의 봉기가 일어났는데, 이는 일제에 의한 식민지교육에 반발해 일어났던 학생들의 저항이었다. 발단은 한일간 학생들 간의 충돌이었으나 3.1 운동으로 촉발된 독립정신의 확산으로 인해 항일 민족운동의 성격을 띄게 되었다. 이 여파는 전국으로 확산되어 1930년대까지 전국 194개교, 5만 4천명의 학생들이 참가하게 된다. 경신학교에서도 이에 동참하여 선언서를 만들어 4만부를 배부했으며, 보성, 휘문, 중앙, 배재, 숙명, 둥덕, 정신 등 여러 학교 학생들과 더불어 "검속한 조선 학생을 탈환하자," "식민지 노예를 반대하자" 등의 구호를 외치며 만세시위를 전개했다.

일제의 침략전쟁으로 인해 전장이 확대되어가면서 일제는 조선인들을 전장으로 끌고나가 총알받이로 삼거나, 무기를 만드는 공장의 인력으로 쓰고, 여성들을 강제로 성노예로 끌고나가기 시작했다. 교육기관에 있어서도 내선일체의 교육을 강조하고 신사참배를 강요하기 시작하였다. 이에 미국 북장로교 총회는 신사참배 문제를 논의하며 한국에서의 교육사업에서 손을 떼기로 결정하였다. 이러한 결정이 있은 후 북장로교 선교회는 1939년 경신학교의 경영권을 김홍량에게 이양하게 된다. 그리고 최태영이 1939년 11월 8일 교장으로 취임하게 된다. 이양과정에서 일제는 연지동의 교사를 체신국이 매수하도록 강제하였고, 이에 경신학교는 1940년 4월 고양군 정능리의 토지를 매입하여 1941년 일부 건물을 완공한 후 학교를 정능동으로 이주하게 된다. 하지만 정능동의 교사 또한 한국전쟁 시기 영국군의 막사로 사용되다가 화재로 인해 소실되게 되면서 현재 혜화동으로 이전하게 되는 아픔을 겪게 되었다.

4. 혜화 시대의 시작과 21세기의 경신

한국전쟁기에 학교 건물이 불로 소실되면서 경신학교는 서대문에 위치한 피어선 성경학교를 임시교사로 이용할 수밖에 없었다. 정전협정이 체결되고 피난을 갔던 주민들이 서울로 속속 돌아오게 되면서 경신학교 또한 새로운 터전을 물색하지 않을 수 없었다. 이에 경신학교는 혜화동과 인접한 성북동의 토지를 정부로부터 불하받아 임대를 체결하였다. 그리고 동문회의 지원과 부통령이던 함태영의 지원으로 가건물을 만들어 1955년 2월 혜화동으로 이전할 수 있게 되었다. 같은해 6월 20일에는 재단법인 경신학원이 설립되어 전필순이 이사장으로 선임되었고 1964년에는 학교법인으로 변경되기에 이른다. 법인 설립과 더불어 경신학원은 법인의 목적을 "대한민국 교육의 근본이념에 기하여 중등 보통교육 및 고등보통 교육을 실시함을 목적으로 하는 동시에 충실한 기독적 인격을 양성한다"고 규정하고 있다. 이는 언더우드와 초기 선교사들이 조선이라는 불모지에 근대문화와 기독교를 정착시키고자 했던 교육사업의 목표를 충실히 반영하고 있다고 볼 수 있다.

이렇듯 혜화동 시대를 연 경신학교는 미래를 지향하며 현재의 삶 가운데서 이웃을 섬기는 전인교육에 앞장서고 있다. 특히 영성과 인성의 성장을 위해 신앙수련회, 인문아카데미, 융합아카데미, 공학 아카데미 등을 운영하여 빠르게 변하는 4차 산업혁명 시대를 선도하는 기독인재 양성에 최선을 다하고 있다.

언더우드가 정동에서 소외된 자들에게 근대학문의 배움의 기회를 주기 위해 열었던 언더우드 학당은, 예수교학당, 민로아학당, 그리고 경신학교로 이어져내려오고 있다. 근대문명의 과학기술을 받아들이는 것을 넘어서서 이를 하나님의 뜻에 맞게 이웃을 섬기는 도구로 사용할 수 있는 기독인재 양성의 비전이 21세기 경신에서 구체화되고 있는 것이다.

경신학교 전경(경신학교 제공)

참고문헌

1. 고춘섭. 『경신80년 약사-80주년 기념 출판물』. 경신중고등학교, 1966.

2. Rhodes, Harry A. History of the Korea Mission Presbyterian Church U.S.A. Vol. 1, 1884-1934. The Presbyterian Church of Korea, 1934.

3. Underwood, Lillias Horton. 『언더우드 부인의 조선견문록』. 김철 역. 이 숲, 2011.

4. 윤경로. 『새문안교회 100년사』. 새문안교회 창립 100주년 기념사업회, 1995.

경신
학교

대한기독교서회

서울 강남구 테헤란로 103길 14, 재단법인 대한기독교서회

大韓基督教書會

1. 활자에 복음을 담다

19세기 중반, 병인양요(丙寅洋擾)와 신미양요(辛未洋擾)를 거치며 우리나라는 문호를 더욱 굳게 닫고자 했다. 서양에서 들어오는 문물은 배척해야 할 것들이었으며, 서양의 정신세계와 종교들은 그릇된 교리로 나라 자체를 혼란스럽게 만드는 사교(邪敎) 그 자체였다. 그리하여 흥선대원군은 쇄국정책을 표방하며 전국 곳곳에 척화비(斥和碑)를 세워 백성들에게 경각심을 주었다. 그러나 시대적 조류를 피할 수 없었다. 19세기 말, 급변하는 세계 정세 속에서 우리 민족은 계속 나라의 문을 굳게 닫은 채 버티기 어려웠다. 1876년 일본과 이른바 강화도조약이란 불평등조약으로 강제적으로 문을 열 수밖에 없었고, 이어 미국(1882년), 영국(1883년) 등 서양 열강들에 문호를 개방하게 되었다.

외국과의 수교가 알려지면서 자연스럽게 서양인들, 그 가운데에서도 서구의 교회들은 태평양 건너 이제 갓 문을 연 한반도 땅에 선교사 파송을 준비하기 시작했다. 이와 같은 흐름 속에서 1884년 9월 북장로회의 알렌(H. N. Allen) 선교사가 내한했으며, 이듬해 봄, 같은 교단의 언더우드(H. G. Underwood) 선교사, 그리고 미감리회의 아펜젤러(H. G. Appenzeller) 선교사 부부가 조선 땅을 밟았다. 이후 스크랜턴(W. B. Scranton), 헤론(J. W. Heron) 등 점차 많은 선교사들이 이 땅에 들어와 그리스도의 복음을 전하기 위해 힘썼다.

초창기 내한 선교사들의 수고와 노력은 상당히 열정적이며 헌신적이었다. 그럼에도 불구하고 한국 선교를 전개하던 초기에는 어려운 점이 꽤 있었다. 그 가운데 대표적인 것은 바로 언어적 소통이었다. 선교사들은 서툰 한국어로 한국인들과 만나며 자신들이 이 땅에 들어온 목적에 대해 밝혔다. 그러나 소통을 깊이 하면 할수록 언어장벽이 상당히 높았던 것을 느낄 수밖에 없었다. 따라서 한층 편리하고 효과적으로 복음을 전하기 위해서는 문서의 힘이 필요했다. 문서는 선교사들이 태생적으로 가질 수밖에 없었던 언어장벽으로 인한 선교적 어려움을 보완할 수 있게 해주었다.

그러나 19세기 말 당시만 하더라도 우리나라의 인쇄술은 상황과 여건이 그리 좋지 못했다. 물론 선교사 내한 이전인 1883년 우리나라의 최초 신문 발행기관인 박문국(博文局)이 설립되어 한성순보(漢城旬報)의 발간된 일이 있었다. 또한 1884년 최초의 민간 출판사라 할 수 있던 광인사(廣印社)가 서울에 설립되어 근대식 활판기와 한글 활자 갖추고 책을 출간하기도 했다. 그럼에도 인쇄기술은 대체로 미약한 편이었고, 인쇄공을 구하는 것 자체도 문제였다. 다행히 감리교회 계통 학교인 배재학당 내에 기독교 문서출판을 위한 시설이 구비되어 1888년부터 인쇄와 출판을 시작했다. 사람들은 이 출판사를 영문으로 'The Trilingual Press'라 했고, 한글로는 '삼문출판사'(三文出版社)라 칭했다. '삼문'이란 것은 한글, 한문, 영문 등 세 개의 활자를 갖춘 인쇄소란 의미였다. 때로는 미이미활판소, 감리교출판사라 불리기도 했다. 이곳을 통해 월간 잡지 교회, 영문월간지 The Korean Repository, 기독교 신문인 「조선크리스도인회보」, 기독교 관련 단행본인 『성교촬요』, 『미이미교회문답』, 성경, 찬송가 등이 발행되었다. 이곳에서 발행된 기독교 문서들은 서툰 한국어를 구사하던 초창기 선교사들의 선교사업에 커다란 도움을 주었다. 선교사들과 한국인 신자들을 통해 기독교 서적은 많은 이들에게 전달되었다. 말 그대로 활자에 복음이 담겨 전국 곳곳에 나아갔던 것이다.

2. 연합의 정신으로 세워진 문서선교 기관

초창기 내한한 선교사들은 교파에 상관없이 자주 소통하며 화합하는 모습을 보여주었다. 1890년 10월, 어느날, 미국의 장로교회와 감리교회로부터 파송받은 선교사들이 서울 정동에 있던 언더우드 선교사의 집에 모였다. 소위 비공식적인 회합이었다. 그런데 당시 이야기 주제 가운데 하나가 바로 기독교 문서 발행을 위한 출판사 설립이었다. 물론 기존에 감리교회에서 운영하던 삼문출판사가 있었다. 그러나 계속 증가하던 내한 선교사들의 수와 폭넓은 선교의 확장을 위해 좀 더 큰 규모와 조직적인 출판사가 필요함을 느꼈다. 이는 어느 한 교파가 주도하기 보다는 장로교회와 감리교회가 연합하여 문서선교를 전개하는 것이 더욱 효과적이었다. 이를 위해 당시 모임에 참석했던 장로교회의 헤론 선교사가 출판사 설립을 제안했다. 언더우드 선교사를 비롯하여 모임에 참석한 이들은 헤론 선교사의 제안에 공감했다. 그리고 모두의 합의 아래 일정한 헌장을 만들고 준비과정을 거친 뒤, 1890년 6월 25일, 조선성교서회(朝鮮聖教書會, The Korean Religious Tract Society)(이하 서회)를 창립하였다. 당시 서회의 창립위원들의 명단은 아래와 같다.

회장: 올링거(F. Ohlinger)
부회장: 헐버트(H. B. Hulbert)
서기: 언더우드, 스크랜턴

여기에 펜윅(M. C. Fenwick), 아펜젤러, 게일(J. S. Gale), 레이놀즈 (W. D. Reynolds), 기포드(D. E. Gifford) 등 선교사 12명으로 구성된 재단이사회를 조직하고 헌장을 통과시켰다. 초창기 헌장을 보면 서회의 명칭과 그 설립목적이 무엇인지 분명히 알 수 있다.

조선예수교서회 헌장
제1장 명칭과 목적
제1조 본회는 '조선예수교서회'라 칭하며 영문명칭은 'The Korean Religious Tract Society'이라 한다.
제2조 본회는 조선어로 기독교 서적과 전도지와 정기간행물의 잡지류를 발행하여 전국에 보급하기 위해 조직된 것이다(『대한기독교서회 백년사』, 18).

설립 초기에 사무실은 빈턴(C. C. Vinton) 사택을 임시로 사용했다. 이처럼 서회가 설립되면서 본격적으로 기독교 문서를 출간하게 되었는데, 첫 번째 간행물이 바로 언더우드 선교사가 번역한 『성교촬리』(聖教

撮理, Salient Doctrines of Christianity)와 『장원량우상론』(張袁兩友相論, The Two Friends)이었다.

참고로 연세대학교의 초대 총장이며, 한국 기독교 역사 연구의 선구적 역할을 했던 백낙준 박사는 서회 설립에 언더우드, 헤론, 올링거 등 세 명의 선교사가 크게 공헌했다고 보았다. 헤론 선교사는 아이디어를 제공한 부분에 기여했고, 올링거 선교사는 조직을 구성하는데 기여한 부분이 컸으며, 언더우드 선교사는 당시 영국과 미국에 있던 서회(Tract Society)로부터 재정을 지원받는데 크게 기여했다는 말이다. 그만큼 서회가 이 땅에 세워지는 초기 과정 속에서 언더우드 선교사의 역할은 상당히 컸다고 볼 수 있다.

3. 한국 교계와 사회를 선도하는 문화적 산실

교파 구분 없이 이 땅의 복음화를 위해 한마음 한뜻으로 힘을 합쳐 설립된 서회는 활발한 문서선교의 모습을 보여주었다. 1892년에는 한국 최초의 노래집이자 찬송가라 할 수 있는 '찬미가'를 발행하며 기독교 음악 보급과 그 활성화에 힘을 보탰다. 설립된 지 3년이 지난 1893년에는 언더우드 선교사가 제2대 회장으로 선임되며, 문서선교 사업의 지경을 더욱 확장시켜 나갔다. 그해 서적 판매소를 기존 서울을 포함해 전국 세 곳으로 확장했기 때문이다. 서울은 빈턴 선교사, 평양은 마펫(S. A. Moffett) 선교사, 부산은 베어드(W. M. Baird) 선교사가 관리했다. 이는 선교사들과 한국인 사역자들의 선교사업을 더욱 수월하게 해주었다.

서회에서 발행된 문서들은 한국에 기독교 복음이 확산되는데 상당한 힘이 되었다. 서회는 이에 상응하여 좀 더 많은 양질의 서적들을 발행했다. 존 번연의 『천로역정』(天路歷程), 노병선의 『파혹진선론』(破惑眞善論), 길선주의 『해타론』(懈惰論) 등의 기독교 서적을 비롯하여 한국 최초의 번역소설인 『인가귀도』(引家歸道), 한국 최초의 한영, 영한사전인 『한영자전』(韓英字典), 한국 최초의 생리학 교과서인 『전체공용문답』(全體功用問答) 등 일반 서적도 당시 서회에서 출간한 문서들이었다. 기록에 따르면 설립된 1890년부터 1905년까지 총 25만부의 서적을 판매했다고 한다. 이처럼 서회의 문서선교는 매우 활발했다. 주위의 반응도 꽤 호의적이었다. 1905년에는 국내외 선교사 150여 명이 한국의 문서선교를 감당하고 있는 서회를 위하여 당시 금액 약 6,000원을 기부하기도 했다. 이 기부금은 서회 사무실 부지 구입을 목적으로 한 것이었다. 서회는 국내외로부터의 후원금을 모아 1906년, 종로2가 84-8에 대지와 목조건물을 매입하며 문서선교의 전적으로 매진할 수 있는 기반을 마련하게 되었다.

종로2가에 정착한 서회는 이후에도 선교사들의 헌신적인 노력과 해외의 원조, 여기에 한국인들의 열심히 인하여 국내 기독교계는 물론 일반 출판사들 가운데에서도 가장 큰 규모의 문서기관으로 성장할 수 있었다. 일반인들에게는 근대 지식을 전달하는 창구역을 수행했고, 한국

의 기독교인들에게는 기독교의 진수와 진리에 대한 깊은 이해를 돕는
데 커다란 역할을 했다. 물론 서회에서 발행한 서적들이 한국 사회의 복
음화에 끼친 영향도 무시할 수 없었다. 일제강점기에는 당국의 압력과
간섭으로 출판사업을 자유롭게 전개하는데 일정한 어려움을 겪기도 했
다. 그리고 한국전쟁으로 인해 보관된 서적과 자료 상당수가 소실되는
일도 있었다. 그러나 그 상황 속에서도 서회는 문서선교의 역할을 포기
하지 않으려 힘썼다.

1960년대 이후에는 한국교회와 신학계의 성장을 위해 심도 있는 신
학서적 발간에 더욱 중점을 두었고, 이 부분은 여타 출판사가 따라올 수
없는 독보적 분야로 두각을 나타냈다. 이른바 신학계 지성인들의 산실

1906년 모습(대한기독교서회 제공)

로 서회의 존재 이유를 더욱 분명히 할 수 있었던 것이다. 신학서적 외에도 성경, 찬송, 수준 높은 신앙서적 등을 발간하며 한국교회의 지성을 견인하는 데 중요한 역할을 맡아왔다. 오늘날에는 변화된 시대에 발맞춰 디지털 컨텐츠 제작과 보급에 중점을 두고 있는 중이다.

4. 한국의 문서선교 속에서 결코 잊어선 안 될 이름, 언더우드

1916년 10월, 언더우드 선교사가 하나님의 부르심을 받았다는 소식이 한국교회에 전해졌다. 그의 별세 소식은 한국교회뿐만 아니라 서회 관계자들에게도 커다란 충격이며 아픔이었다. 그만큼 언더우드 선교사와 서회의 관계는 매우 각별했다. 앞서 살펴본 대로 서회 창립 분위기가 본격적으로 조성된 곳은 언더우드 선교사의 정동 사택이었다. 그리고 1908년부터 1915년 그는 서회의 주요 임원으로 역할을 맡으며 문서선교 사업의 일정한 지도력을 보여주었다. 언더우드 선교사 별세 당시, 서회의 연례보고서에는 다음과 같은 추모의 글을 기록으로 남겼다.

> 언더우드 선교사와 서회와의 관계를 말하는 것은 곧 서회 역사를 쓰는 일이 될 것이니, 그가 서회와 직접적으로 연결된 것을 알려면 서회의 도서 목록에서 알 수 있고, 우리가 입은 손실을 알려면 서회 실행위원회에 그가 다시 나타나지 않을 것을 생각하면 될 것이다. 우리는 언더우드 선교사를 우리들의 명예회원 명단 첫머리에 두어 결코 잊지 않을 것이다. 하나님이 우리에게 서회를 위하여 일할 수 있는 세월을 주시는 한 우리는 고인이 견지했던 이상들을

실현하도록 노력할 것이다(『대한기독교서회 백년사』, 36).

그럴 수밖에 없는 것이 서회의 창립부터 그 기반을 다지는 과정에서 언더우드 선교사가 보여준 헌신과 역할이 상당했기 때문이다. 이와 같이 언더우드 선교사의 수고와 노력이 담긴 서회는 오늘날 그가 남긴 정신과 전통, 그리고 유산을 어떻게 계승하고자 하는가. 서회 홈페이지의 인사말을 통해 이 부분을 일말 살펴볼 수 있게 된다.

> 대한기독교서회는 문서선교를 위해 한국교회가 연합하여 세운 기관입니다. 130년이 넘는 긴 역사 동안 기독교서회는 1만여 종에 이르는 도서를 발간하며 한국교회와 신학의 발전을 위해 봉사하고 교회 연합기관으로서의 사명을 충실히 감당하기 위해 노력해 왔습니다. … 그동안의 경험과 지식을 밑거름 삼아 앞으로도 본연의 문서선교 사업을 효과적으로 수행하고 기독교 문화와 한국 문화를 이끌어가기 위해 끊임없이 노력할 것입니다(대한기독교서회 홈페이지).

언더우드 선교사 사택에서 장로교회와 감리교회 선교사들이 교파 구별없이 모였고, 바로 여기에서 연합 정신을 기반 삼아 서회 설립이 논의되었다. 1890년 설립 이후 언더우드 선교사는 모두와 연합하여 문서 선교가 활성화될 수 있도록 힘을 기울였다. 바로 이 부분이 오늘날 서회에서 살펴볼 수 있는 언더우드 선교사의 정신이며 기억, 기념해야 할 유산이다.

대한기독교서회 전경

참고문헌

1. 대한기독교서회 홈페이지. https://www.clsk.org.

2. "대한기독교서회". 『기독교대백과사전』. 기독교문사, 1981.

3. 백낙준. 『한국개신교사』. 연세대학교 출판부, 1973.

4. 이장식. 『대한기독교서회 백년사』. 대한기독교서회, 1984.

대한기독교
서회

YMCA

서울 마포구 잔다리로 68, 한국YMCA전국연맹
서울 종로구 종로 69, 서울 YMCA

1. 언더우드, 서울에 자리를 잡다.

1885년 4월 5일 부활주일 오후 3시경, 언더우드는 서울의 관문이라 할 수 있는 인천에 발을 내디뎠다. 비가 오는 날씨였지만, 오늘날 많은 기독교인들은 그날의 비를 소위 '은혜의 단비'라 이해할 듯하다. 초창기 한국 기독교 역사 속 흐름 하나가 바로 언더우드 선교사로부터 비롯되었기 때문이다. 4개월 전 발생한 갑신정변(甲申政變)의 소요로 인하여 조선의 정세는 매우 불안정했다. 그러한 이유로 일본에서 함께 배를 타고 내한했던 미감리회의 아펜젤러 선교사 부부는 안전 문제로 인하여 상경하기를 주저했다. 그러나 당시만 하더라도 미혼이었던 언더우드 선교사는 거칠 것이 없었다. 그저 하루라도 빨리 선교사의 사명을 이행하고 싶은 마음이 간절했다. 결국 언더우드는 내한 즉시, 수도 서울을 향해 발걸음을 옮겼다.

그렇게 그가 자리 잡은 곳은 서울 서부에 위치한 정동(貞洞)이었다. 그곳은 조선의 왕이 기거하던 궁궐, 즉 덕수궁 옆이었다. 또한 미국과 영국, 프랑스, 러시아 등 각국의 공사관들이 위치하여 상대적으로 외국인들이 많이 거주하던 지역이기도 했다. 마침 자신보다 1년 앞서 내한한 선배 동역자, 알렌(H. N. Allen) 선교사가 언더우드를 위해 집을 마련해주었다. 그는 이곳을 기점으로 한국에서의 선교사역을 전개해 나갔다. 교회와 기관 등 그가 구상하고 추진한 모든 사역들이 여기에 해당했다. 이 점에서 볼 때, 언더우드 선교사에게 있어 정동은 자신의 한국 선교를 위한 요람과도 같은 곳이었다.

2. YMCA에 보낸 한 장의 편지

한국YMCA의 창설 책임자로 임명되어 내한했던 질레트 선교사(P. L. Gillett)에 의하면 1899년경 150명의 한국 기독교인들이 서울에 YMCA 간사가 필요하다는 요청 서한을 세계YMCA 본부에 보냈다고 한다. 150명이 누구였으며, 어떠한 경로로 YMCA 간사파송 요청을 하게 되었는지 분명히 알려진 바는 없다. 다만, 150명의 청원자 가운데 대다수가 당시 상류층 인사였다는 것은 후대 연구자들에 의해 일부 알려진 사실이다. 이처럼 당시 한국 기독교인 150명의 요청은 재한 선교사들의 예상과 그 기대를 뛰어넘을 정도로 상당히 강력했다. 한국으로부터 요청서한을 받은 YMCA 세계연맹 본부에서는 이 서한을 철저히 검토하기 시작했다. 질레트 선교사에 의하면 이와 동시에 한국에서의 선교사업을 좀 더 활성화하기 위해 YMCA가 필요하다는데 적극 공감하던 북장로회 소속 내한선교사 언더우드는 다음과 같이 말했다고 한다.

나는 뉴욕 YMCA 본부에 청원서를 내기 전 어느 일요일 오후 몇몇 청년들에게 내 집으로 오라고 말했습니다. 그때 나는 5, 6명 정도의 청년들만 와도 큰 성공이라고 생각했습니다. 그러나 뜻밖에도 너무 많은 이들이 찾아온다고 하여 그 계획을 포기하고 말았습니다. 왜냐하면 그 많은 이들을 수용할 수 있을 만한 응접실에 내겐 없었기 때문입니다. 결국 150명의 청년들이 청원서에 도장을 찍고 YMCA 설립을 요청했습니다. 그때 도장을 찍은 청년 가운데 한 사람은 현 한성(漢城)의 판윤(判尹)입니다(『한국 기독교청년회 운동사』, 21-22 재인용).

언더우드 선교사는 한국에서 기독교가 초기 관료사회의 인정을 받았던 사실을 환기시켰다. 더불어 그들을 어떻게 기독교 복음으로 인도해낼 수 있을까 하는 것이 고민 중 하나였다. 상류층 양반들이 교회에 갈 수 없었던 이유는 그곳에 일반 민중과 부녀자들이 출석하고 있었기 때문이었다. 당시만 해도 양반들은 민중 및 부녀자들과 같은 공간에 함께 하기를 내켜 하지 않았다. 언더우드 선교사는 이러한 사실을 잘 알고 있었기 때문에 이 문제해결을 위해 YMCA가 한국에 설립되어야 할 필요성에 대해 적극 공감하고 있었던 것이다. 더 나아가 한국에 YMCA가 설립된다면 오락이나 교육, 그리고 기타 회합이 좀 더 용이해질 수 있을 것이라 기대했다. 그래서 그는 감리교회의 개척선교사인 아펜젤러(H. G. Appenzeller) 선교사 등과 초교파적으로 협력하여 YMCA 세계본부에 편지를 보내게 되었던 것이다. 언더우드와 아펜젤러 두 선교사가 YMCA 본부에 보낸 요청의 핵심은 YMCA 사업을 위한 건물을 한국에 건립해 달라는 것이었다.

언더우드 선교사와 아펜젤러 선교사의 편지를 접수한 YMCA 본부는 이때가 한국에서 YMCA를 조직하고 설립할 수 있는 절호의 기회라 보앉다. 그러나 YMCA 입장에서 한 가지 고민해야 했던 것은 간사가 없는 간사가 없는 곳에 건물부터 세울 수 없다는 것이었다. 그것은 YMCA 정신과 그 사업 목적에 부합되지 않는다고 보았다. YMCA 측에서는 간사의 파견과 건물 건립이라는 두 가지 사항을 함께 해결할 수 있는 방법은 없는지 알아보기 시작했다. 이러한 가운데 중국 YMCA 운동의 선구자로 파견되어 활동하던 라이온(D. W. Lyon) 선교사가 1900년 6월 서울을 방문했다. 언더우드 선교사는 동료 무어(J. F. Moore) 선교사와 함께 그를 맞았고, 본격적인 YMCA 창설에 대한 논의를 나누었다. 라이언 선교사는 당시 언더우드 선교사와 대화를 나누며 그 논의내용을 다음과 같은 항목별로 요약하였다.

1) 그 자신의 교회에는 부귀층이 나오기 힘들었다는 것이다. 하류 및 부녀자와 서민계층이 많았기 때문이다. 그때만 해도 계층의식이 예민하였다. 이들 상류층이 교회에 접근하는 데에 어떤 회합처 같은 것이 있었으면 바람직하다는 것

2) 1899년 가을에 YMCA를 결성하려는 기도를 한 일이 있었다. 회원은 정회원, 협동회원, 명예회원, 3급으로 하고 선교사와 정회원으로 구성된 이사회의 결성, 그리고 그 위원 이사 명단까지 작성한 바 있었다. 미국과 영국에서 몇 년간 있었던 한 한국 양반을 간사로 하는 결정까지 하고 있었다. 한 건물을 아펜젤러에게서 임대하고 회원 200여 명이 가입 활동하려고 하던 참인데, 고종이 이를 듣고 그것이 정치적 모임이려니 하여 불안한 기색을 감추지 않았다. 언더우드 자신은 이 계획을 조심스럽게 추진하면 문제될

것이 없다고 믿었지만, 딴 사람들이 위험하다고 하는 일을 강행할 심사는 없었다. 그러나 한국인들의 열망이 얼마나 컸었는가 하는 것은 밝혀진 셈이었다는 것.

3) 새문안교회에 한 때 면려회(Christian Endeavour Society)가 있었다. 그 모임은 사뭇 활발하였는데, 이로써 YMCA가 청년 지향 운동으로 방향을 잡았을 때 그 사업의 성공이 명백하다는 것 (『서울 YMCA 운동사 1903-1993』, 75-76 재인용).

언더우드 선교사는 여기에 더하여 YMCA 사업의 방향을 다음과 같이 구체적으로 제시하였다.

1) 한국 양반계층의 자녀들이 복음을 듣고 싶어한다. 이들 가운데에는 민영환의 아들도 있었다.

2) 학교인데, 그때는 감리교의 배재학당 학생 130여명, 그리고 영어, 독일어, 프랑스어, 러시아어 등의 외국어학교, 헐버트(H. B. Hulbert) 선교사가 관장하고 있던 보통학교, 고등학교, 그리고 철도학교, 여기에 일본교육회 경영의 학교, 야학교, 및 사립 흥화(興化) 학교 등이 있는데, 이들 학생이 YMCA가 포섭할 대상일 수 있다는 것.

3) 교회 안의 청년들로서 당시 서울에는 1,500명 가량의 세례교인이 있었는데, 이들 중 젊은이들이 많다는 것 (『서울 YMCA 운동사 1903-1993』, 76 재인용).

언더우드 선교사는 이때가 바로 YMCA 설립의 적합한 시기라는 점을 이렇게 지적했다.

1) 한국 상류층 사회가 선교에 대해 오후적이니만큼 그 자녀들에 대한 사업이 환영받을 것.

2) 정치적 변동이 언제 일어날지 모르는 상황에서 더이상 그 시기를 미뤄서는 안된다는 것

(『서울 YMCA 운동사 1903-1993』, 76 재인용).

여기에 더하여 언더우드 선교사는 한국에 적합한 YMCA 간사에 대해 '1) 한국말을 배울 능력과 그 뚜렷한 목적의식, 기억력과 분석력, 2) 각 계각층의 인사들과 무리없이 교제할 수 있는 이, 3) 신사적인 이, 4) 기혼인, 5) 괴팍하지 않은 이, 6) 조심스럽게 행동하는 이' 등 여섯 가지 항목의 조건들을 제시했다.

라이언 선교사는 언더우드 선교사 외에도 아펜젤러, 게일(J. S. Gale), 벙커(D. H. Bunker), 스크랜턴(W. B. Scranton) 등의 선교사들을 만나 대화를 나누며 한국 YMCA 설립에 관한 의견을 수렴하였다. 정리한 내용을 보고 받은 YMCA 본부는 마침내 1901년 질레트 선교사를 한국에 파송하였다. 그리고 1901년 10월 28일 오후 8시 황성기독교청년회를 조직할 목적으로 관계자들이 모였다. 자문위원회 회장 헐버트 선교사가 의장으로 선출되어 간단히 모임의 취지를 설명하고, 이를 YMCA의 창립총회로 만장일치 통과시켰다. 이어 게일 선교사가 헌장 초안을 낭독하고, 헌장에 따라 12명의 이사들을 선거에 부쳤다. 이때 언더우드 선교사는 브라운(J. M. Brown), 애비슨(O. R. Avison), 터너(A. B. Turner)

선교사 등과 함께 이사로 선출되었다.

언더우드 선교사는 창립 당시 이사로서 YMCA 발전에 힘을 기울였다. 1905년에는 현흥택 등 당시 개화파 이사들과 접촉하며 YMCA 신축회관을 위한 부지 마련을 위해 노력했다. 1912년에는 친일 인사들에 의해 '황성기독교청년회' 명칭 가운데 '황성'을 삭제하고 일본식 YMCA로 변경하려는 움직임에 질레트 선교사 등과 함께 제동을 걸기도 했다. 그리하여 서울 YMCA가 운영에 좀 더 자율성을 확보할 수 있었다. 1914년 YMCA가 조선기독교청년회 연합회로 처음 결성되어 그 규모를 확대해 나갈 때 언더우드 선교사는 첫 번째 연합 위원장에 취임하며 YMCA 운동 활성화에 힘을 기울였다.

그러나 아쉽게도 그는 1916년 미국 뉴저지주 아틀랜틱시티에서 별세하면서 더 이상 YMCA 활동을 함께 할 수 없었다. YMCA 회원들은 그의 별세소식을 접하고 매우 안타까워하며 1916년 10월 24일 오후 4시, 각 교파들과 연합으로 함께 추도식을 거행했다. YMCA 부회장 김필수의 사회, 감리교회 홍순탁 목사의 성경봉독이 있었다. 그리고 서경조 목사가 언더우드를 향한 추도사 형식의 약사를 읊었다. 당시 평신도로 세계 기독교운동에 탁월한 지도력을 보였던 모트(J. Mott) 박사는 다음과 같은 추모의 글을 써서 보냈다.

나의 마음에 언더우드는 가장 뛰어난 놀라운 생애를 보낸 사람으로 여겨집니다. 이 기독교 지도자는 기독교적 일치의 한 동력이었습니다. 그는 최근까지 서울 YMCA의 탁월한 회장직을 맡고 있었습니다. 그의 지혜로운 지도 아래 서울 YMCA는 세계에서 둘, 셋밖에 되지 않은 가장 강력하고 영향력 있는 YMCA를 이뤄놓을 수 있었습니다(『서울 YMCA 운동사 1903-1993』, 205 재인용).

초기 황성기독교청년회관(YMCA 홈페이지)

3. 민족운동과 근대화의 요람

언더우드의 별세 소식은 한국 교계와 사회에 슬픔을 안겨주었다. 그의 노력과 열정이 담겨 있던 YMCA 역시 그의 별세 소식을 듣고 가슴 아파했다. 그럼에도 불구하고 YMCA는 언더우드가 남긴 수고와 헌신을 잊지 않고 발전해 나갔다. 초창기 YMCA는 교회와 사회를 위해 활발한 사업을 전개해 나갔다. 그 가운데 오늘날 서울YMCA의 전신이라 할 수 있는 황성기독교청년회의 경우 공상교육과 체육활동에 상당한 공헌을 남겼다. 구한말 신분제가 법적으로 철폐되었음에도 사람들의 인식 가운데에는 사농공상의 신분제가 여전히 남아 있었다. 이러한 전근대적 사고의 굴레를 벗어던지기 위해 YMCA는 농업과 공업, 그리고 상업과 관련한 교육을 강조했고, 여기에 더하여 각종 체육활동을 장려하면서 한국 사회가 새로운 시대를 맞이할 수 있도록 힘썼다. 그러한 의미에서 볼 때, 오늘날 각종 대학과 기관들이 평생교육원을 통해 교육활동을 전개하고 있는데, YMCA는 이러한 교육사업의 효시라고 해도 과언이 아니다.

일제강점기에는 통감부와 총독부 등 일제 당국의 모진 압력과 방해에도 YMCA는 기독교 신앙에 바탕을 두면서 각종 교양과 계몽, 학술강좌를 열었다. 이외에도 뜨개질, 도자기, 비누 제작, 등 한국인들을 대상으로 한 실용적 교육사업을 전개하였다. 또한 서구 스포츠의 대중화에도 주요한 역할을 감당하였다. 야구와 농구, 탁구, 배구 등 YMCA는 종목별 대회를 개최하며 체육활동 보급에 일익을 담당했다. 그리고 영어와 일본어 등 어학교육 과정도 개설하여 자칫 시대적 변화에 뒤처질 수 있는 한국인들이 한층 넓은 세상을 경험하고 나아갈 수 있는 전초기지와 같은 기회의 장을 제공하고자 힘썼다. 한국인의 국제적 감각을 고양하는 것뿐만이 아닌 민족의식을 강화할 수 있도록 노력했다. 예를 들면 국사와 지리 등을 가르쳐 우리 민족의 나라 사랑 정신에 대해 가르쳤다.

더 나아가 YMCA는 창립 초기부터 독립과 구국을 위한 인재 양성의 노력을 기울였다. 특히 한일병합 이후 YMCA는 항일운동에 관여하며 민족의식을 드러낸 경우가 많았다. 1919년 3.1운동의 기폭제 역할을 했던 2.8독립선언이 그 대표적인 예이다. 이미 YMCA는 1906년 김정식을 일본 도쿄에 파견하여 재일본한국YMCA가 창립되도록 했는데, 이곳이 일본 내에서 항일운동하는데 있어 주요한 장이 되었다. 이 당시 재일본한국YMCA는 일본 유학생들이 자주 모이는 곳이었고, 민족의식 고양을 위한 집회와 토론의 장으로 활용되었다. 그러한 분위기 속에서 2.8독립선언이 이루어졌고, 여기에 참여했던 유학생들이 귀국하여 3.1 운동의 도화선을 마련하였다. 3.1운동 민족대표 33인 가운데 기독교측 인사가 총 16명이었는데, 여기에 오화영, 이필주, 박동완, 이갑성, 이승훈, 최성모, 정춘수, 양전백, 박희도 등 9명이 당시 YMCA와 관련을 맺고 있었다. 1920년대의 농촌운동도 YMCA와 관련하여 빼놓을 수 없는 활동이다. 농촌강습회를 통해 농업기술을 교육하고 협동조합 등을 통해 공동체의식과 자립정신을 가르쳤다.

해방을 맞이하고 한국전쟁을 거친 이후, YMCA는 우리 민족의 화합과 협력을 위해 힘썼다. 성서연구와 신앙문답, 복음강연 등 종교교육의 성격을 바탕에 두면서 신앙운동과 사회운동의 조화를 추구하였다. 한국전쟁 이후에는 전쟁고아를 위한 교육과 부녀자 구제 및 구호사업 등 우리 사회 재건을 위해 노력했으며 특별히 1953년에는 난지도에 삼동소년촌(三同少年村) 등을 세우며 전쟁고아 복지와 교육에 관심을 기울였다. 1970년대에는 한국사회의 급격한 산업화로 인해 야기되는 문제들, 즉 빈부격차와 사회적 불균형 등을 해결하기 위해 사회적 운동을 전개해 나갔다. 1980년대부터는 미국, 일본, 유럽 등 국제 기관과의 친선교류에도 관심을 기울이며 상호 연대를 추구했고, 21세기에 들어서는 지역사회 간 상생 및 환경문제와 연계하며 관련 사업을 추진해 나갔다.

4. 언더우드가 놓은 YMCA의 초석

앞서 살펴본 것처럼 YMCA는 기독교 정신을 바탕으로 하여 우리 사회의 다양한 문제들을 해결하기 위해 힘썼고, 우리 사회의 모든 구성원이 화합을 이뤄갈 수 있게 항상 고민하고 노력해 나가고 있는 중이다. YMCA가 한국 사회에 뿌리를 내리는 과정 가운데 언더우드를 비롯한 초창기 선교사들의 공헌을 무시할 수 없다. 선교사로 내한한 언더우드는 한국 사회에 YMCA가 필요하다는 사실을 절실히 느꼈다. 특히 그는 양반들의 경우 일반 서민들과 물리적으로 화합하기 어려웠던 그 당시의 시대적 현실에 대해 고민했다. 양반을 비롯한 고위 계층에게도 기독교 복음을 전하기 위한 방법이 무엇일까 고심한 결과 YMCA가 해결책이 될 수 있을 것이라 결론을 내렸던 것이다. 언더우드의 생각처럼 YMCA는 양반들에게 기독교를 거부감없이 전달할 수 있는 하나의 매개체가 되었다. YMCA 초창기, 윤치호, 김정식, 이원긍, 유성준 등이 참여하여 적극적으로 활동했던 것이 이것을 증명한다. 이후 YMCA는 각종 계몽운동 등의 사업 전개를 통해 우리 사회 모든 구성원 상호 간의 화합과 협력을 추구했다. 여기엔 기독교 복음이 이른바 신분 구별 없이 모두에게 적용되어야 할 것이라는 언더우드의 정신과도 그 맥을 같이 한다. 일반 서민 외에도 양반들에게 복음을 전하기 위해 YMCA가 효과적인 역할을 담당할 수 있을 것이란 언더우드의 미래적 계획은 실제 현실로 이루어졌다. 그렇게 YMCA는 우리 사회를 한층 밝고 개선된 미래로 만들기 위한 기관으로 발전해 왔다.

언더우드를 비롯한 초창기 선교사들이 YMCA의 초석을 놓은 이후 그 정신과 유산은 사라지지 않고 계승되어 나갔다. 여기에는 구한말과 일제강점기, 그리고 해방을 거치면서 이상재, 이승만, 김규식, 신흥우, 전택부 등 한국인 지도자들이 등장하며 YMCA의 기반을 더욱 탄탄히 다져나갔다. 이들을 통하여 YMCA는 자체적인 역량을 키워나갔고, 한국사회와 기독교계에 선한 영향력을 끼치기 위해 노력해 왔다. 한국 YMCA 전국연맹은 자신들의 정체성을 시대적 변화에 맞춰 더욱 분명히 하고자 2014년 '목적과 사업 연구위원회'를 조직하고 이른바 '개정 목적문'을 선언했다. 그 개정 목적문은 다음과 같이 되어 있다.

한국기독교청년회는 젊은이들이 예수 그리스도의 복음과 삶을 따라 함께 배우고 훈련하며 역사적 책임 의식과 생명에 대한 감성을 일구어 사랑과 정의와 평화의 실현을 위하여 일하며 민중의 복지 향상과 민족의 통일 그리고 새 문화 차조에 이바지함으로써 이 땅에 하느님 나라가 이루어지게 하는 것을 목적으로 한다(한국YMCA 개정 목적문, 2014년).

120여 년 전, 이 나라와 우리 민족에게 YMCA가 필요하다고 주장했던 언더우드의 소망은 오늘날에도 살아 숨쉬고, 또 한 단계 높은 미래를 향해 전진하고 있는 중이다.

오늘날의 서울YMCA 빌딩(조선일보)

참고문헌

1. 한국YMCA전국연맹 홈페이지. http://ymcakorea.kr.

2. 서울YMCA 홈페이지. https://www.seoulymca.or.kr.

3. 전택부.『한국기독교 청년회운동사』. 범우사, 1994.

4. 민경배.『서울YMCA운동100년사: 1903-2003』. 로출판, 1993.

5.『원두우, 그 섭리의 발자취』. 새문안교회, 2007.

부록

언더우드 자매 교회 지역 분포도

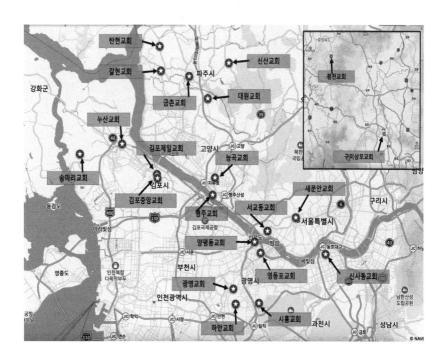

언더우드
자매 교회 이야기
연세대학교 교목실 기획 시리즈 3

초판인쇄일	2024년 9월 13일
초판발행일	2024년 9월 13일
펴낸이	임경묵
펴낸곳	도서출판 다바르
주소	인천 서구 건지로 242, A동 401호(가좌동)
전화	032) 574-8291
책임 편집	김동환
기획 및 디자인	장원문화인쇄
인쇄	장원문화인쇄

ISBN　　　　**979-11-93435-10-6 (03230)**

이 저서는 2023년 연세대학교 정책연구 지원을 받아 수행된 연구임
(과제번호: 2023-22-0408)